Release Your Inner Roman
Marcus Sidonius Falx
with Jerry Toner

ローマ貴族 9つの習慣

太田出版

マルクス・シドニウス・ファルクス＝著
ジェリー・トナー＝解説
北綾子 訳

ローマ帝国地図

オリンポス山
ダキア属州
イリリウム地方
黒海
トミス
ペルシャ
トラキア属州
ビテュニア属州
カッパドキア属州
エーゲ海
アジア地方
ペルガモン
カルラエ
シリア属州
アッティカ
ガラテヤ属州
ユダヤ属州
コリント
エルサレム
デルフォイ
アレキサンドリア
アラビア属州
エジプト属州
エチオピア

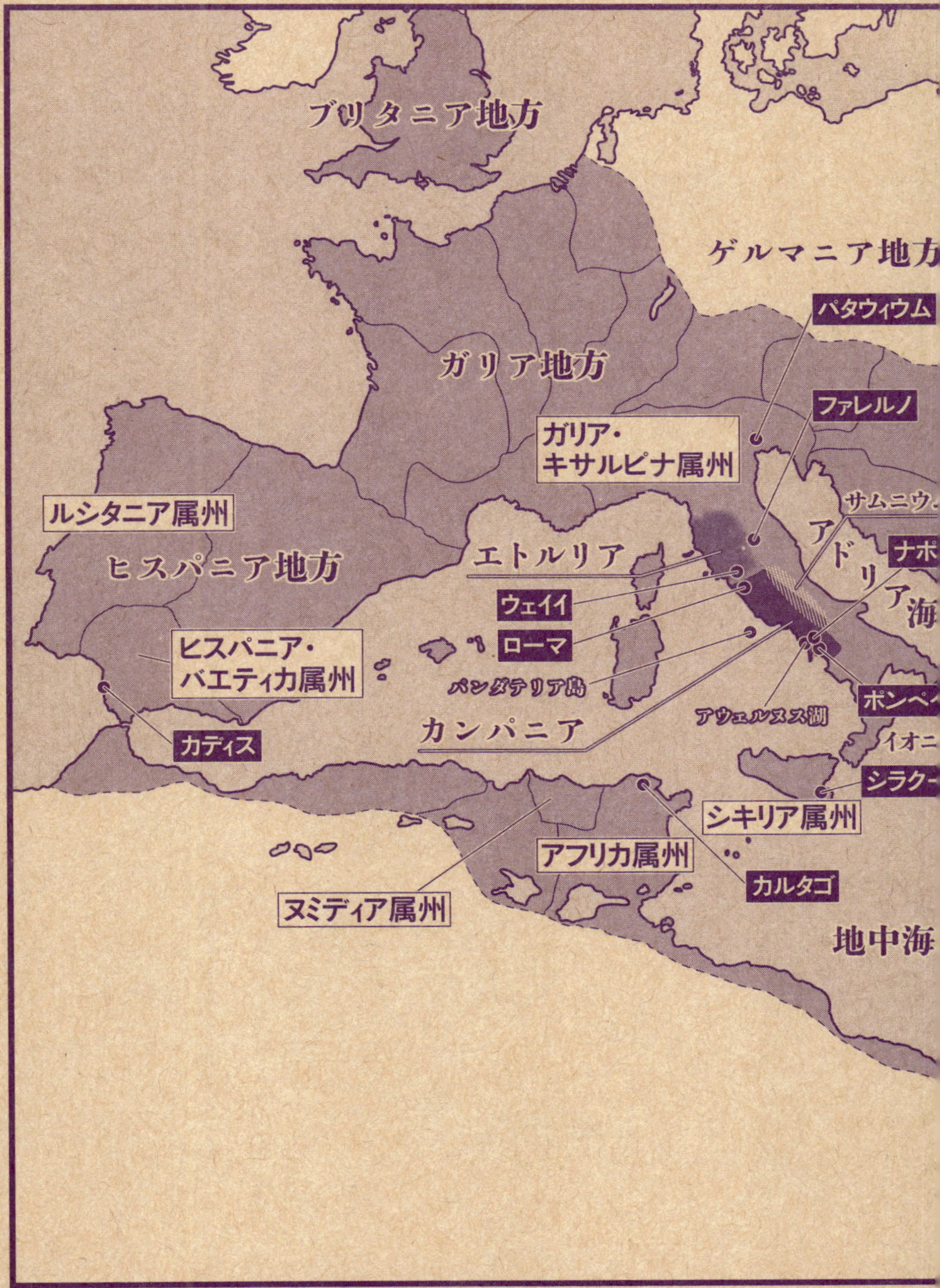

マルクスが生きていたと思われる2世紀頃(帝政期)の版図

ローマ市内地図

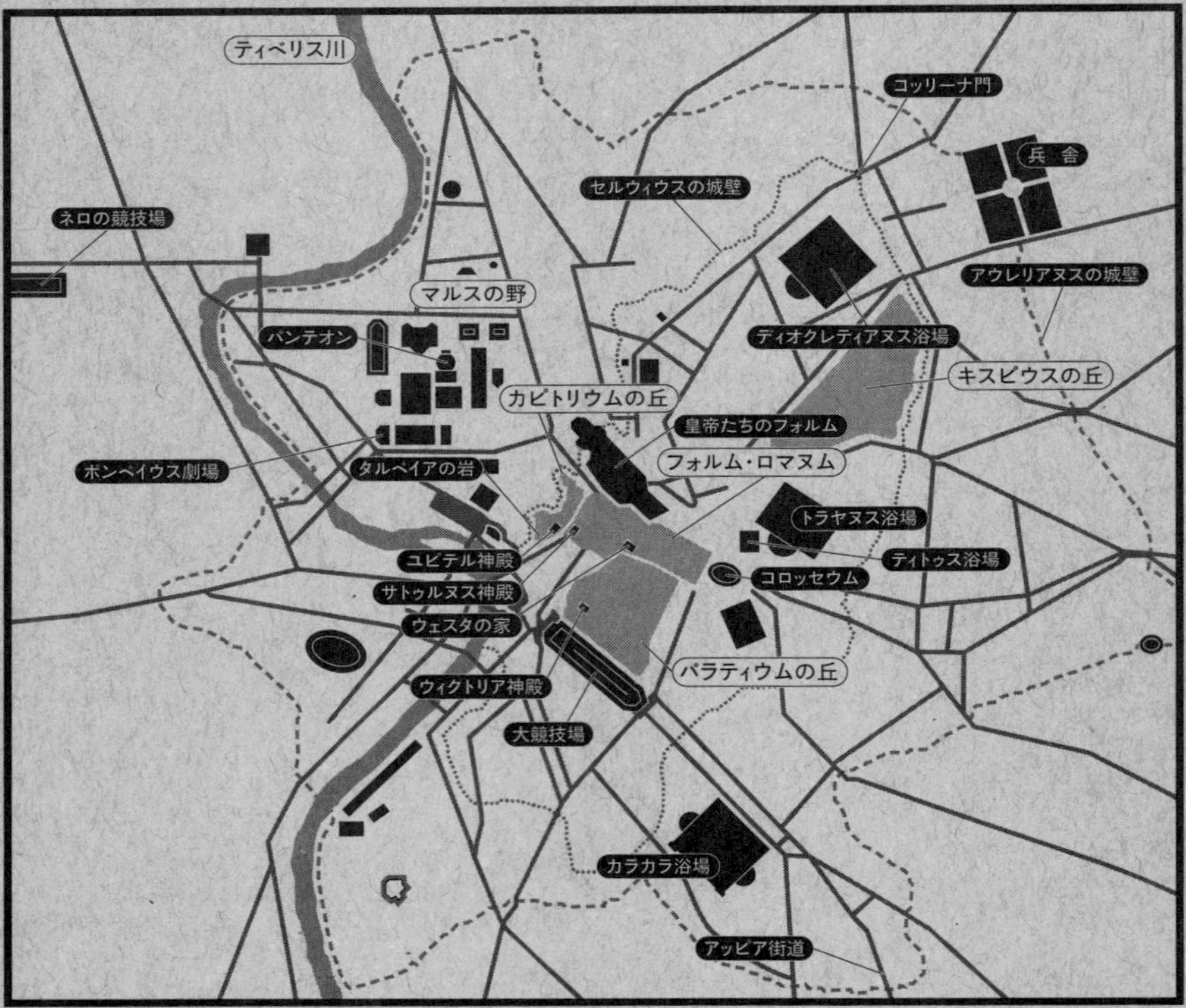

マルスの野は、西をティベリス川に、南をカピトリウムの丘に囲まれた地域をさす。
また、キスピウスの丘は、エスクイリヌスの丘の北部の一角をいう。

ローマ貴族9つの習慣

著者挨拶

わたしはローマ人である。この世に存在することが知られているすべての世界を征服した、勇敢な民族の一員だ。なかでも、ひときわ成功を収めているローマ人である。わが祖先は戦場で数々の武勲を立てており、わたしもその伝統を受け継いで軍団に所属し、類まれなはたらきをしてきた。皇帝とは個人的に親しい間柄で、先だっては執政官の大任を拝した。数百万セステルティウス〔古代ローマの硬貨〕相当の領地も所有している。わたしは何を行うにしても厳格な態度で臨んでいる。事業においても、妻を娶《めと》るときも、神の加護を求めるときも、その姿勢が揺らぐことは断じてない。ローマ人のごとく成功を手に入れる秘訣を語らせるなら、わたし以上にふさわしい人物はおるまい。これまで未開の民であるあなたがたは、われらローマ人が成しえた偉業をただ羨望の眼ざしで賞賛するよりほかなかった。だが、野蛮人であっても自らを向上させることはできる。この本は、あなたの心の内に眠るローマ人の気質を呼び起こすために必要なことをすべて詰め込んだ手引書である。

　前作に引き続き、この本を執筆するにあたってジェリー・トナーの助けを借りた。この男はあつかましくもわれわれローマ人が成し遂げた偉大な功績について人に教えているのだが、そのくせ自分はローマ人から何一つ学んではおらぬ。わがローマの誇り高き英雄から学べることがたくさんあるというのに、どこにでもいるローマ市民のことしか研究していないのだ。誰よりもこの本を必要としている男は彼をおいてほかにいないであろう。この男の家庭もひどい有様である。子供たちは気が狂ったように走り回り、ときには父親に対して家内奴隷に接するかのように振る舞う。妻は美しい女なのだが、身のほどをわきまえていれば決して口を挟むことのない事柄まで夫に指図する始末である。はなはだ不本意ではあるが、この男が、自己鍛錬には限界があるということの格好の例であることは認めざるをえない。理由は単純明快だ。ローマ人の気質が備わっていないゆえに、その気質を解き放つこともできないからである。ただし、この男がかくまで情けない姿をさらしているからといって、あなたがたまで尻込みすることはない。もしも彼がいい仕事をして、わたしがこれから伝えようとしていることをより多くの未開の民に届けることができたなら、彼自身もまた最後には何かためになることを習得できるかもしれない。

西暦×××年一月一日、ローマにて

マルクス・シドニウス・ファルクス

解説者挨拶

素直に喜んでいいのかどうか複雑な心境ですが、こうしてまたマルクス・シドニウス・ファルクスと一緒に仕事をする機会に恵まれました。マルクスは一度会ったら絶対に忘れることのできない強烈な個性の持ち主で、自分の信念はどれも正しいと頑なに信じています。彼の目から見れば、この地球上に生をうけた人類のなかで、ローマ人がもっとも成功を収めている偉大な民族であることは火を見るよりも明らかなのです。マルクスの見解が全ローマ人の意見を代弁しているのかどうかについては常に議論の分かれるところでしょう。それでも、彼の話に耳を傾けるならば、ローマ社会の上層部にいる人々が、ローマに偉大な成功をもたらしたと考えている特徴について理解することができるでしょう。

当時のローマには人類は平等という観念はなく、地位や立場がものをいう社会でした。他国を征服することも、奴隷を罰することも、家長として一家に君臨することも、すべて社会階層ゆえという考えに安住していて、疑いをはさむ余地はありませんでした。だからこそ、あらゆる手を尽くして、少しでも高い地位へ上ろうと躍起になっていました。マルクスはその最たる例であり、今日の熾烈な競争社会で成功するために教えを請うにはうってつけの人物といえるでしょう。ローマ人は富と権力をひけらかすことも厭《いと》いませんでした。成功することと、その名誉を見せびらかすこととは表裏一体なのです。娯楽に興じるもよし、多くの奴隷を所有するもよし、宴を催して客人をもてなすもよし。何にお金をつぎ込むにしても、いかに自分が成功者であるかを誇示するという点においては、どれも同じことでした。満ち足りた生活を送るための秘訣を教わるのに、マルクスほど適した人はほかにいません。また、ローマ人は目標を明確に定め、たとえ手荒なやり方であっても、それが目標達成への近道だと思えば躊躇せずに邁進することも少なくありませんでした。ひとたび手に入れたいと望んだら、恋愛だろうと経済活動だろうと、あらゆる場面で一心不乱に目標を追求する姿勢には、現代にもかなり通じるものがあります。

マルクスは帝政期の人物です。具体的にどの時代の人なのかはっきりわかりませんが、彼の見解はローマ帝国の初期にあたる一世紀から二世紀ごろの時代背景を反映しているように思われます。いうまでもありませんが、これからこの本でご紹介するのはわたしの個人的な意見ではありませんし、ローマ人ではない読者に広く流布してよいものなのかいささか戸惑いを覚えないでもありません。ローマの人々は、今よりも寿命が短く、命が軽んじられていた過酷な時代を生きていたので、個人主義や自己啓発といった考えにふける余裕はほとんどありませんでした。個人のどの資質を重視するかについては、ローマ人の考えと現代の自己啓発書との間には大きな隔たりがありますが、マルクスのことばをお伝えすることによって、ローマ人も今日のわたしたちとよく似た行動をしていたことがおわかりいただけるのではないかと思います。これからご紹介するローマ人の習慣を生活に取り入れたいと思うか否かはあなた次第です。なお、マルクスの話を理解するための背景知識として、また、いきすぎた誇張や唖然《あぜん》とするほどの自己正当化に惑わされることのないように、各章の最後に簡単な解説を載せています。巻末には参考文献も記載していますので、逸話の出典や現在の学術的な議論についてより詳しく知りたいときに役立てていただければ幸いです。

二〇一六年一〇月、ケンブリッジにて　　ジェリー・トナー

ローマ貴族
9つの習慣

目次

装画　ヤマザキマリ
装丁　木庭貴信＋オクターヴ

第1の習慣

地位と資産を築く

ある晴れた日のことだった。わたしはローマで昔からの友人二人と昼食を愉しんでいた。彼らとはもう何年も会っていなかったので、自然と今の暮らしぶりに話が及んだ。若いころは互いの家の社会的な地位はほぼ同じだった。だが、それはもう昔の話だ。一人は貿易の事業に無謀な投資を繰り返した挙げ句にすべてを失い、もう一人は田舎の領地で慎ましい暮らしを送っている。わたしはというと、軍役や皇帝に仕える役目を果たすなかで華々しい功績を挙げ、今では富も、所有している物も、社会的地位においても、二人よりはるかに高いところまで上りつめている。あなたもわたしを見習い、社会で上に立つことを目指してもらいたい。この本には、わたしの知り合いのなかから、裕福で力のあるローマ人数百人に訊いた成功の秘訣が盛り込まれている。そのなかの誰かを手本とすればあなたもきっと成功できるはずである。

そのために必要なものを一つ挙げるとするならば、それは金《かね》である。土地にせよ、多くの奴隷にせよ、役人の椅子にせよ、このローマで何かを手に入れるには、それ相応の金額をつぎ込まなければならない。たとえば、いずれは元老院議員になりたいのなら、まずは一〇〇万セステルティウスの資産をつくらねばならない。あるいは騎士階級の地位を得たいなら四〇万セステルティウスが必要だ。いかなる大志を抱いているにしろ、あなたとあなたの一族が社会での地位を高めるには資金がいる。そこで、より多くの収入を得るために、どんな職業を選択すべきなのか教えよう。

徴税請負人は避け、手に職をつける

世の中には高貴な紳士にふさわしい職業と、関わるべきではない卑しい仕事がある。まず、避けるべきほうから話を始めるとしよう。第一に避けるべきは、**徴税請負人**になることである。彼らは騎士階級ではあるが、平民を相手にしているばかりか、平民から余分に搾取して私腹を肥やすような連中だ。

次に、雇われの身となることも望ましくない。とくに肉体労働に従事するのはやめたほうがよい。労働の代償として賃金を得るのは、事実上、奴隷になったと公言しているようなものである。それから、商店を営むのも卑しい民のすることだと心得るべきだ。店は卸売業者から仕入れた品物をそのまま大衆に売りさばいて利益を得るわけだが、それには本来の値段を隠して利鞘を上乗せしなければならない。だが、嘘をつくことほど悪い所業はない。

その次に避けたいのが**職人**である。紳士が作業をするなど考えられない。なかでも恥ずべきは、他人の心と体を満足させる仕事である。漁師、魚や肉の販売、料理人などがこれにあたる。調香師や踊り子などの芸事に携わる者も職人の一種である。わたしは帝国内のさまざまな場所を訪れたことがあるが、なかでも多彩な技術を持つ職人を大勢見かけたのはエジプトのアレキサンドリアである。アレキサンドリアの民は評判がすこぶる悪いのだが、それもむべなるかなと言わざるをえない。なにしろ、ひどく怒りっぽくて、嘘つきで、挑発的な連中なのだから。だが、この都市はとても栄えていて、働きもせずにぶらぶらしている者はほとんどいない。吹きガラス工やパピルスの職人や麻布の織工をはじめ、多種多彩な職人がいる。足が不自由だったり、盲目だったり、去勢した人でも何かしら仕事をしていて、両手が不自由な者ですら黙って坐ってはいない。この都市の人々にとっては、信仰のいかんにかかわらず金が神であり、金への執着たるやすさまじいものがある。

職人と単純作業しかこなせない**肉体労働者**の収入を比べてみれば、平民たちが手に職をつけようとする理由が少しはわかるだろう。これといった技術を持たない場合、農作業やラバ追いや下水道の掃除といった単純な労働の対価として一日に得られる賃金は一セステルティウスほどである。大工や石工などは倍の二セステルティウスを一日で稼ぐ。壁画やモザイク画づくりなど、富裕層が重宝がる技術を身につけていれば、その何倍もの報酬を得ることができる。ただし、先祖代々受け継いだ職を捨て、儲かるからといって卑しい仕事を選ぶような輩には注意したほうがいい。代々将校を務めてきた家に生まれながら、みずから歌手や笛吹きに身を落とすなど、言語道断である。卑しい仕事を先祖の代から受け継いでいる人々を非難する気は毛頭ない。むしろ、身のほどを知り、分相応の立場に満足して、今より上に這いあがろうなどと露ほども考えない彼らの姿勢は賞賛に値する。誰もが父親よりも格上の仕事に就けるわけではな

古代ローマの身分制度

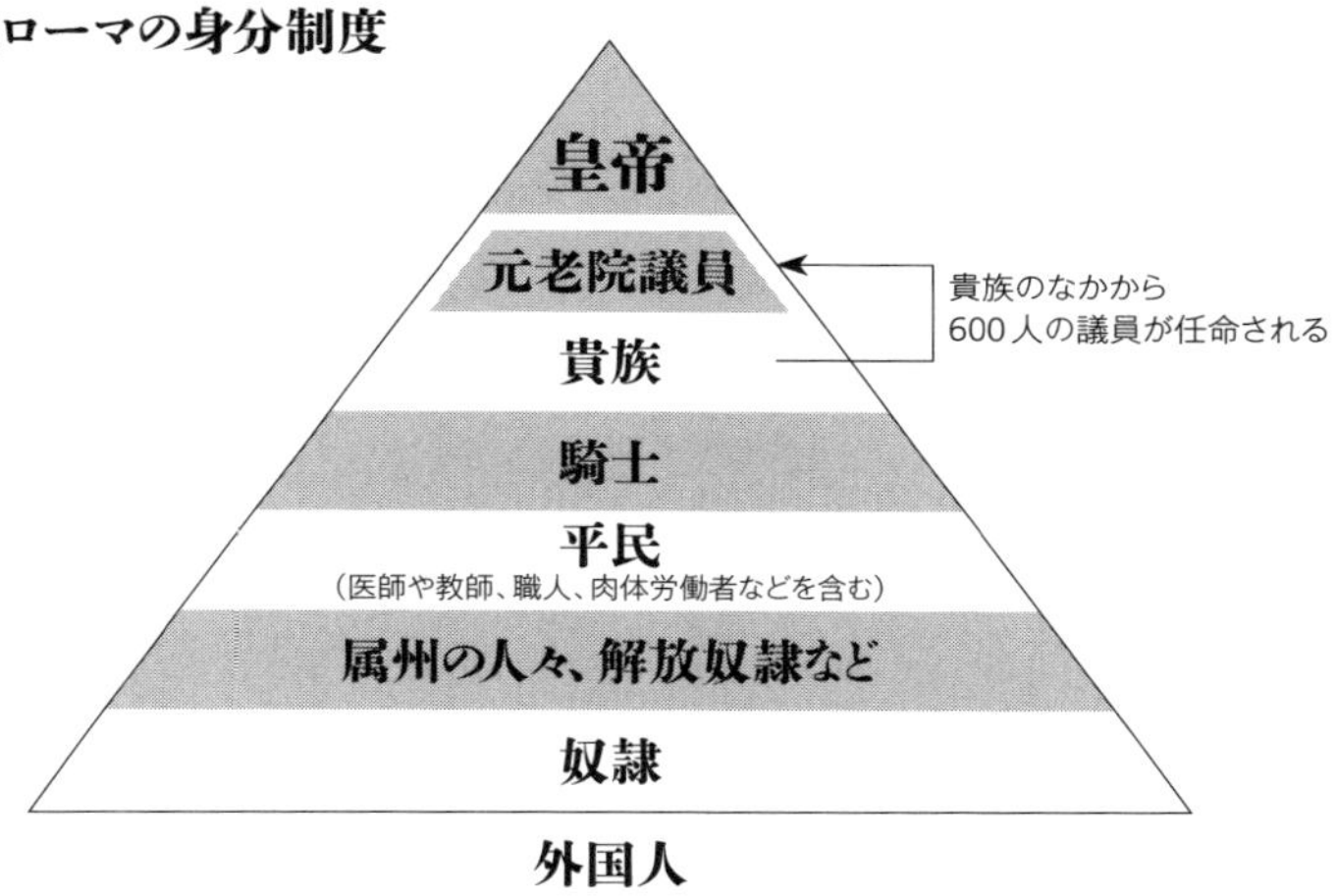

*マルクスの生きた帝政期（2C頃）のもの

いのだから。もしそんなことになったら、蔑《さげす》まれながらも社会が成り立つために不可欠な労働に従事する者がいなくなってしまう。

医術や**建築**、**教育**といったそれなりに高度な知識を必要とする職業や公共の利益に供する仕事は中流層の人々に向いている。こぢんまりとした商いは低俗な民のすることだが、世界中から大量の物品を買い入れるなど大規模な取引をしていて、利鞘を不当に上乗せせずに適正価格で販売しているなら、それほど目くじらを立てることもあるまい。むしろ、商売で得た利益を田舎の領地の維持開拓に投じることにしている人には最大限の賛辞を贈るべきだ。だが、なんといっても**農業**をするのがいちばんよい。農業ほど収益性が高く、喜びに満ちていて、自由人への近道になりうる事業はほかにない。

牛を飼う

生み出した利益で一家を養っていくのがあなたの務めだが、それには誇れる仕事で収入を得ていることが前提となる。ものごとの優先順位を見定めなければならないことも多い。財産と健康ではどちらが大事か自問しなければならないこともあるかもしれない。領地の維持管理に費用をまわしたほうがよいとわかっていても、娯楽につぎ込みたいと思うこともあるだろう。富よりも栄光を取るべきか？　都市に所有している資産のほうが農地よりも利益を生むことはあるだろうか？

かつて大カトは、もっとも収益性の高い領地の活用法は何かと問われて、こう答えたという。

「牧場にして**牛を飼い**、たくさん収入を得ることだ」

では、次によい方法は？

「それほど収入が得られなくても、**牛を飼う**ことだ」

では、その次は？

「ほとんど収入が得られなくても、**牛を飼う**ことだ」

では、四番目によい方法は？

「穀物を栽培することだ」

さらに「金貸し業はどうでしょうか？」と問われると、大カトはこう返した。

「殺人はどうだ？」

金を稼ぐということは、単なる金銭のやりとりではなく、道義を問われる問題でもあるということを心しておかねばならない。そのことを踏まえた上で、財産を適切に管理するにはどうしたらよいかという観点で判断すべきである。

ちなみに、あれだけ農業を絶賛していた大カトであったが、やがて、農業から得られるのは喜びだけであり、利益にはならないと思うにいたった。そこで、新たな収入源としてなるべくリスクの小さい事業に投資することにした。まず衣服の洗濯屋がいつも利用している池や温泉などを買い、その利用料で莫大な利益を得ると、それを元手になんと金貸しを始めたのだ。それも、こともあろうに、貿易に投資するという下衆の極みの事業に手を出した。まず金を貸した相手に貿易船を購入させて組合を組織させる。組合員五〇人と五〇隻の船が集まったら自分はその組合の権利を一部だけ所有する。そうしておけば、たとえ貿易が失敗しても貸した金は組合員から取り立てることができ、貿易がうまくいけば持ち分の配当を得られるという仕組みだ。大カトは自らの手を汚すことも、貿易に手を出したという汚名を着せられることもないように、かつて所有していたクインティオという解放奴隷を目付役にして、すべての取引が公正に行われるように監督させた。こうして、一度の航海で危険にさらす自分の資金は最小限に抑えつつ、組合全体の取引から多額の利益を得ることに成功したのである。

都市の不動産投資はリスクに注意

事業で財をなした人は大勢いるが、とりわけ巨額の富を築いたのはマルクス・リキニウス・クラッスス〔共和政ローマ期の軍人、政治家。カエサル、大ポンペイウスとともに第一回三頭政治を行った〕である。もともと高貴な家の生まれで、父親は監察官を務め、イベリア半島のルシタニアとの戦争で活躍した人であったが、一家は裕福ではなく、クラッススは二人の兄弟とともに小さな家で育った。そのせいもあってか、彼は富に対する執着を募らせていった。あるときには、リシニアというウェスタの処女〔貞潔を誓い、女神ウェスタの神殿に燃える不断の聖火を守った六人の巫女〕に近づいて、彼女がローマ郊外に所有していた別荘を破格の値段で買い取ろうと画策し、しつこく懇願してようやく手に入れたこともあった。だが、一つ手に入れるともっと欲しくなるもので、彼の欲望はとどまることがなかった。すぐに用立てられる資金は限られていたが、クラッススは火事や戦争といった災害に乗じて進退窮まった土地所有者の弱みにつけ込むという卑劣きわまりない手を使って巧みに富を築いていった。

独裁官〔非常事態時に期間限定で置かれる、強い権限を持つ官職〕のスッラが帝国の全権を掌握し、敵の一派を粛清すると、クラッススは彼らが所有していた広大な土地を安値で買いあさった。さらに多くの土地を手に入れるために彼が目をつけたのが火事だった。大都市となったローマでは頻繁に火事が発生していた。火事が起こると、クラッススは現場へ駆けつけ、近隣の家の所有者に極端なまでに安い値段を提示して土地を買い取ると申し出た。火が燃え移って家が焼失したら一文無しになってしまうという所有者たちの不安につけ込んだのだ。この手法は大当たりし、ローマの土地の大部分をクラッススが所有するまでになった。

　こうして広大な土地を手に入れたクラッススだったが、宮殿のような館で暮らしていたわけではない。手に入れた領地の開拓は五〇〇人の奴隷に任せ、自分が住むための邸宅は一棟建てただけであった。また、巨費を投じて銀山や農地や奴隷をたくさん買い、その莫大な資産を使ってユリウス・カエサルの政治活動を支援した。当時のクラッススの総資産は二億セステルティウスをくだらないといわれている。だが、やがて自分の資金援助によって権力の座についたカエサルに張り合いたいと思うようになった。そこで、功績を挙げようと目論んでパルティアへ侵攻したが、カルラエの戦いで歴史的な大敗北を喫し、戦死した。この戦争でローマ軍は二万もの勇敢な兵士を失い、三万の兵が捕虜になった。パルティア人はクラッススの強欲ぶりを嘲笑い、遺体の喉に溶かした金を流し込んだという。

　いつ火事で燃えてしまうかわからないことを考えると、都市の不動産への投資は必ずしも安全とはいえない。以前、友人のユリアヌスとともにキスピウスの丘を散歩していたとき、集合住宅《インスラ》〔ローマ市内で庶民が暮らしていた高層住宅〕から火が出るのを目撃した。火は瞬く間に隣接する建物に燃え移り大火事になった。上空まで燃え上がる炎を見てユリアヌスがわたしに言った。「都市に不動産を持っているといい収入源にはなるが、それよりも**リスクのほうが大きい**。市内でしょっちゅう火事が起こるのを防ぐ手立てがあるというなら、ユピテル〔ローマ神話の主神〕に誓って、田舎の領地をぜんぶ売ってエスクイリヌスの丘を買い占めたっていい！」。もっともな意見だ。都市の不動産はまさしく頭痛の種である。わたしも最近、所有していた店が二軒倒壊した。ほかの建物もひび割れだらけで、いつ倒れても不思議はなく、鼠でさえ別の寝床へ引っ越すほどの有様だ。お察しの通り、わたしのようにとてつもなく裕福で、これからの人生を楽観している人間は、これしきのことでいちいち騒いだりしないが、多くの不動産所有者は市内で建物が倒壊するたびに慌てふためいている。

金を貸す相手は自分の目で確かめる

あまり褒められたものではないが、確実に利益を得たいなら金を貸すに限る。貸付の一般的な金利はイタリア半島内の土地が担保なら年六パーセント、無担保だと年一二パーセントか月一パーセントで、利息が貸主の利益になる。かくいうわたしもそういう条件の貸借契約をたくさん結んでいて、属州にも大勢の債務者がいる。わたし自身が利益を得られるだけでなく、友人に収益性がきわめて高い債権の一部または契約そのものを譲渡することで彼らにも利益をもたらすことができる。もちろん、友人を事業に巻き込むことには慎重でなければならない。リスクがあることを事前にどれほど念入りに伝えてあったとしても、債務者の返済が滞って彼らが資産を失うことになったら、責任をとれと言ってくるかもしれない。

金を貸す側にはいつも不安がつきまとうものである。もしも金を貸した相手が貿易商なら、強風が吹き、遠くに雷鳴が聞こえるたびに、貿易船が難破するのではないかと心配で眠れぬ夜を過ごすことになる。借主が信用に足る相手かどうかは、自分の目で確かめねばならぬ。昔からいわれている通り〝聞いたことをそのまま鵜呑みにするようでは大成しない。とくに商売には不向きである〟。剣闘士が相手の攻撃に応じて反撃するように、事業を行うにあたっては臨機応変に対応することが肝心である。債務者に金の使い道を指図することはできないが、資金難に陥って返済できなくなった者が裁判であなたと顔を合わせないように逃亡するのを防ぐためにも、常に相手の所在や借入金の使途に目を配っておくほうがよい。アイソポス〔イソップのこと〕の寓話にこんな話がある。コウモリがイバラとカモメと一緒に商売を始めるために借金をした。ところが借りた金で買いつけた商品が船ごと沈没してすべてを失ってしまった。借金取りをおそれたコウモリは、夜にだけ餌を探しに出るようになった。

　万が一債務者が借金を返済できなくなったときには、容赦なく取り立てるべきである。法で保証された権利として、それこそ身ぐるみを剥《は》いででも彼らの所有物を残らず売り払って資金を回収しなければならぬ。それでも回収しきれないときは、その家の**子供を奴隷として売ればよい**。若くて健康な幼児や少年ならばそこそこの値段で売れるし、何より約束通り返済しないとこういう目に遭うと、他の債務者への見せしめにすることができる。食料不足は金貸しにとって絶好の機会である。穀物の値段が高騰するので、無担保の短期貸付に年五〇パーセントもの高利をふっかけても借り手はいくらでもいるだろう。

愛の神クピドに学ぶ

富を築いて貧しい生活から抜け出したいと思っているなら、愛の神クピドを見習って賢く行動することだ。貧困の神を母に、豊満充足と術策の神を父に持つクピドは両親の特徴をそれぞれ受け継いでいた。母と同じように貧乏で身なりはみすぼらしく、靴はおろか住む家もなく野宿をして暮らしていたが、父に似てどんなときも美しいものを追い求め、上昇志向が強く、あらゆる手段を駆使して欲しいものを手に入れた。ただし、卑しい民のようになりふり構わず振る舞うのはあまりに短絡的だ。富を築くには、節度ある行動を保つよう心がけねばならない。わたしの解放奴隷は自分の糞尿をパンにつけて食べることを愉しむ夢を見た。夢の中で愉しい時間を過ごすことは恩恵を受けることを示唆していて、彼はやがて幸運にも遺産を相続することになった。だが実はその相続は違法な手段によるものだった。夢で自分の糞尿を食べたことは、彼の主張が論争の的になり、相続の正当性に疑いの目が向けられることとの暗示だったのだ。つまるところ彼は、富は得たが汚名をさらしたというわけである。

かつてはわたしの奴隷であったが、解放されたのちにみずから奴隷を所有するまでになったある男のことばを心に留めておくのもよいだろう。彼は鎖につながれた新入りの奴隷を働かせる前に、彼らにも自分と同じように社会で成功できる可能性があるという話をすることにしている。「お前たちのためになる、本当の助言をしておこう。自由の身になって満ち足りた生活を送りたいなら、まず**敬うべき相手**にきちんと**敬意**を払うことだ。次に、どうすれば主人がいちばん喜ぶかを考えよ。両親を大切にせよ。人から信頼されるようになれ。人の悪口を言ったり、聞いたりしてはいけない。誰かを傷つけたり、裏切ったりしない限り、嬉々として、堂々と、愉快に人生を送ることができる。敵をつくる心配もないだろう」。忍耐強く勤勉に働く姿と敬意を目上の相手に示せば、あなたもいずれは今より上の地位に上ることができる。

剣闘士になる

もっと大きな野望を抱いているなら、有名になって人気を得るしかないだろう。選択肢の一つは剣闘士になることである。剣闘士の大半は、裁判で剣闘士として試合に出ることを宣告された者や、主人に剣闘士養成所に売られた奴隷などで、自分の意志で剣闘士になったわけではない。だが、自由民がみずから志願して試合に出場することもできる。たいていの場合は、もともと兵士で都市での生活に馴染めないといった邪《よこしま》な理由で志願することが多いようだ。剣闘士として契約するだけで、まず報酬が支払われる。さらに、試合に出ると、賞金がもらえる。賞金の額は、興行の規模や、剣闘士の社会的地位（観衆は志願した自由民の試合を観たがる）や、人気などに応じて決まる。戦いに敗れた剣闘士の末路はあえて述べるまでもないだろうから、剣闘士になる道を選ぶのであれば、軍にいたことがあるとか、運動能力に自信があるといった、それなりの理由が必要である。以前、ポンペイにプブリウス・オストリウスという剣闘士がいた。彼は自由民だったが、自らの意思で剣闘士になり、なんと五一回も試合に出場して名声を博した。もっとも、いくら腕に覚えがあったとしても、剣闘士という職業には欠点も少なくはない。剣闘士になるには誓いを立てなければならない。その誓いとは、訓練士には絶対服従することとし、訓練士の命令であれば、焼かれることも、鞭で打たれることも、殺されることも厭わないというものだ。

男女を問わず、もしあなたが貴族だったら、そして剣闘士に名乗りをあげたとしたら、引く手あまたであることは間違いない。どれほど未開な属州で開催される興行であっても、貴族出身の剣闘士というだけで一躍人気者になれる。貴族が試合に出ると大きな話題にもなる。いつぞや、かのグラックス家〔共和政ローマ期に社会の改革を試みたグラックス兄弟の一族〕出身の若者が試合に出場したことがあった。それだけでもかなり衝撃的だったが、彼はなんと兜をかぶらず試合に臨み、素顔を観客にさらしたというのだから、人々の驚きはなおさらだった。「裕福な貴族に生まれながら、どうして剣闘士になどならねばならないのか？」と疑問に思うかもしれない。ならば教えよう。ローマで成功を収められるかどうかは、単に金銭だけの問題ではないのである。金があれば、権力だろうと資産だろうと、たいていのものは手に入れられる。だが、**栄光は金で買うことはできぬ**。勇敢であることを立証できた者だけが、栄光を手に入れられるのだ。裕福であれば浴場でくつろぐことも、寝そべったまま宴会で飲み食いすることもできる。だが、肝が据わっていなければ、試合で戦うことはできない。それに、相手を倒すときの高揚感は何にも代えがたい。戦場で敵兵と一騎打ちをした経験のある人なら、きっとわかるだろう。相手の顔を正面から見据えながら、喉に剣を突き刺すあの瞬間。その興奮を闘技場で味わうことができるのだ。

剣闘士として活躍すれば名声を得ることができる。誰もがあなたのことを知っていて、壁の落書きにあなたの名前が記されることもあるだろう。試合に勝利したあと、観衆から情けをかけてもらえなかった対戦相手を殺す瞬間を描いたモザイク画が創られることもあるかもしれない。癲癇《てんかん》や勃起不全に効くという血を求めて観客があなたの周りに群がるだろう。見世物になったあなたを蔑む伝統主義者も稀にいるかもしれないが、気にすることはない。皇帝ですらその価値を認めて、大金をつぎ込む剣闘士の試合に出ることの何がいけないというのか？

戦車競走の御者になる

もっと安全な職もある。戦車競走〔古代ローマで人気のあった競技〕の御者になれば、莫大な金額を稼ぐことができる。ローマでもっとも権威のあるレースの賞金は一万五〇〇〇～六万セステルティウスほどである。わたしの友人の弁護士は、戦車の御者のほうが自分の一〇〇倍も儲けているとぼやいていた。わたしが知る限り、最高の成功者はルシタニア出身のディオクレスであろう。彼は、高名なハドリアヌス帝〔在位一一七～一三八〕とアントニヌス・ピウス帝〔在位一三八～一六一。いずれもローマ帝国の五賢帝の一人〕の時代に、二四年間現役を続け、四二歳のときに引退した。生涯で四二五七レースに出場し、一四六二勝している。一〇〇勝した馬を九頭、二〇〇勝以上した馬を一頭所有していた。通算獲得賞金は三五八六万三一二〇セステルティウスという天文学的な額で、ローマで一、二を争う大富豪にまでなった。

戦車競走の御者が高額な報酬を得るのはもっともなことである。四頭立ての戦車を操縦するのは容易いことではない。手綱が体の周りで飛び跳ねるなか、体重をかけて馬を制御することが求められる。衝突したときは咄嗟に手綱を放すことができなければ、手綱に引っ張られて落下し、戦車の下敷きになってしまう。

戦車競走の賞金は膨大な額なので、勝てるように神の加護を求める御者が多い。競技場で**魔法の呪文**を唱えれば勝てるというまことしやかな噂まである。たとえば、相手に呪いをかけるには、こんなふうに言えばよい。「どうか一一月八日のレースではわたしにご加護を。相手の手足と脛とくるぶしを動かないようにしてください」。このときに対戦相手の馬と御者の名前も忘れずにつけ加えるように。この程度でたじろいではいけない。まだ続きがある。「相手の精神と脳と感覚を麻痺させて、何をしているのかわからなくさせてください。眼をつぶして、どこを走っているのか見えなくしてください。馬に苦痛を与え、**馬車を衝突させて皆殺し**にして、相手の息の根を止めてください」

当たれば一攫千金の戦車競走に人々が熱狂するのも無理はない。キルクス・マクシムス（大競技場）は最大で二五万人もの観客が収容でき、みな興奮して叫び、前のめりになって勝負の行方を見守る。大金を賭けることも珍しくなく、競技場はますます興奮した雰囲気に包まれる。

皇帝のちっちゃな軍靴《カリグラ》〔在位三七～四一。残忍なことで知られたガイウス・カエサル帝のあだ名〕は競走馬への思い入れがことのほか強く、その寵愛ぶりは尋常ではなかった。とりわけインキタトゥスという馬をたいそう気に入っていて、たびたび夕食に招いては、金箔を混ぜた大麦を与え、馬の健康を願って金の盃でワインを乾杯した。厩舎には、インキタトゥス専用に大理石で小部屋をつくり、象牙の飼い葉桶と紫色の胴掛けと高価な宝石があしらわれた首当てまで授けた。溺愛ぶりはとどまるところを知らず、奴隷と豪華な家具つきの家まで与え、招待客を馬と同席させ、この上なく丁重にもてなした。しまいにはこの馬を執政官に任命しようとまでしていたらしいが、結局、実現する前に皇帝はこの世を去った。もしそのまま生きていたら馬の執政官が誕生していたことは間違いない。

収入の範囲内で支出する

どんな手段で手に入れたにせよ、ローマでは金があればあるほど、社会で上の地位につくことができる。自由を買い取るだけの財を手にすることができた幸運な解放奴隷は、一定の公職に就けないという制限つきではあるが、市民権を与えられ、その子供は正規の市民として認められる。もともと自由民の生まれであれば、そうした制限はなく、強力な庇護者さえいれば高い地位につくこともできる。わたしのように元老院議員になることも夢ではない。元老院はローマ社会の上層部に位置する六〇〇人の貴族で構成される。元老院議員になるには、元老院議員を務めた者の子息であり、最低でも一〇〇万セステルティウスの資産を所有しているという条件がある。あなたの父親が元老院議員であるとは思えないが、だからといって資格がないと諦めるのはまだ早い。わが帝国の賢明なる皇帝は社会の利益を追求するため、条件に当てはまらない人物でも例外的に議員に任命することがあるからだ。元老院議員は毎年見直されることになっており、地位に応じて序列がある。名簿の最上位は皇帝で、次に執政官と政務官が続く。そのほかの議員は所有している財産の多少によって順位が決まる。資産が一〇〇万セステルティウスを下回ると、議員の座を剥奪される。

金の使い方について、いくつか役に立つ原則を挙げておこう。

◎**収入の範囲内で支出する**こと。さもないと、あっという間に資産を食いつぶしてしまう。むしろ、収入の中から余剰金を確保し、その一部を資本として積み増しておくべきだ。そうすれば事故や災害、事業の損失などが発生した場合の備えになる。

◎投資をするときは、その金が何に使われるのかきちんと把握しておくこと。農業に詳しくない人や開拓にまわせる元手のない人は土地を買ってはいけない。あちこちに領地を購入するのも、管理しきれなくなるおそれがあるので、やめたほうがいい。食い意地の張った人が消化しきれないほど食べた挙げ句に吐いてしまい、何の栄養も摂取できないのと同じことだ。

◎金を**出し惜しみしない**こと。親族や友人やかつて自分の奴隷だった者が助けを求めてきたときに、援助を渋るようではいけない。生活必需品だけしか買わないというのもよくない。ただし、使いすぎには注意すること。欲を満たすためだけに浪費したり、自分の社会的地位に**不相応**なものを買ったりしてはいけない。宝石は皇族が身につけるものであり、書物は学者が読めばよい。

◎事業を営むにあたっては、よくない噂のある相手に気をつけなければならない。農産物の出来高をごまかす相手や、客を侮辱して乱暴な態度をとる相手とは取引しないに限る。

トーガの着方を覚える

社会で最高の地位を極められるかどうかは別として、裕福になったら、その富と地位に見合った装いをすべきである。ローマ市民の末席に加わることができたならば、トーガの着方を覚えねばならない。トーガは皇帝も観覧する競技会などを見物するときや政務官になったときなどに着る正装であり、市民権を持つ者だけが着用を許されている。少々値が張ったとしても、羊毛を手織りした質のよいトーガを買うことをお勧めする。想像以上に重く、夏場はとても暑いので、その点は覚悟してほしい。トーガは定期的に洗濯屋に出して、いつも真っ白に保たねばならない。黒ずんで擦り切れていては、貧しい職人のようでみすぼらしいことこの上ない。トーガを洗濯するときは、まず尿と水を混ぜた液体に浸す。洗濯屋は家の外に通行人が小便をするための壺を置き、**洗濯に使う尿を確保**している。洗い終えたら乾かし、ブラシをかけて毛羽立たせる。この工程にはハリネズミの皮やアザミが使われることもある。それから硫黄で漂白し、白土を塗って白さを際立たせる。想像の通り、洗濯代はかなりの出費になる。それでも、見栄えをよくするためと思えば、高くはないだろう。

それではトーガの正しい着方を教えよう。まず布地の曲線になっている部分が下にくるように持ち、片端を左肩にかけ、反対側を右肩にまわして背中を覆う。それから残りの布を体の前に持ってきて、胸から足先までを覆う。最後に腕が隠れるようにしながら残った部分を左肩にかければ完成だ。右腕もほとんど布に覆われているが、重さは左肩で支えているため、いつでもトーガをめくって自由に動かせる。身振りをまじえて演説したいときにも邪魔にならないというわけだ。

大きな邸宅を構え、饗宴を開く

それなりの成功を収めたら、いつでも大切な客人を招いてもてなせるように、できるだけ大きな邸宅を構えねばならない。その邸宅を維持するためには、料理係、掃除係、給仕係、護衛など多くの奴隷も必要になる。いずれ、よく働いた報いに寛大な心で解放した奴隷や、あなたの恩義を受けた者たちがクリエンテス（被護者）になり、あなたはパトロヌス（保護者）として彼らの面倒をみる立場になる。クリエンテスは毎朝あなたを表敬訪問することになっていて、まだ陽も昇らないうちからやってきてはあなたが出てくるまで待っている。門番に命じて彼らを玄関の中へ入れてやるのはよいが、肝心なのはそのまま待たせておくことである。あなたの貴重な時間に比べたら、彼らをどれだけ待たせようと大した問題ではないし、高い地位にある人を下々の者が待つのは当たり前だ。あなたは、起きて着替えをし、朝食をすませてから、広間の扉を開けさせ、一人ずつ呼び入れてやればよい。面会の順番は地位に応じて決め、いちばん地位の低い者は最後まで待たせておく。そうすれば彼らの間に軋轢《あつれき》が生じることはない。全員の名前を覚えるのはとうてい無理だが、毎回名前を訊ねては相手も気分が悪いだろうから、名前を呼ぶためだけの奴隷を置いておく。クリエンテスのなかから何人か選んでその日の公務に同行させ、褒美として夕食に招いてもよい。その幸運に恵まれなかった者たちには幾ばくかの金か食料を与える。玄関の広間を埋め尽くすほど大勢いるので、全員と会う気になれないこともももちろんあるだろう。そういうときは、隠し扉からそっと逃げ出せばよい。

　ローマで財を成した場合に欠かすことのできないものに饗宴がある。あなたのような成り上がりが饗宴を催そうとすると、うっかり落とし穴にはまって、品がなく洗練されていないという印象を与えかねないので気をつけねばならない。まず、席順は招待客の地位に応じて決めなければいけない。いちばん地位の高い人を**自分の隣**に、地位の低い人はいちばん**離れた場所**に配置する。大勢招待したときは、主賓に最高のご馳走を提供したいと思うものだが、あからさまに差をつけるのは避けるべきだ。さほど大事でない客へのもてなしは惜しみつつも気前よく見せなければならない。ワインをデカンタで供するときも注意してほしい。主賓には上質なファレルノ〔現在のカンパニア州〕産のワインがたっぷり入ったデカンタを出し、ほかの人には発酵が進んで酢になったワインを少ししか出さないなどもってのほかだ。ワインを出し惜しみすると、恨みを買うことになる。

わたしの場合、親しい人だけを招いてこぢんまりとした宴会を開くときは、全員に同じ料理を出すことにしている。招待客が解放奴隷でもそうしている。かつては奴隷だった者を元老院議員と同じようにもてなすなどありえないと言う人もいる。ある友人は「それでは金がいくらあっても足りない！」と驚愕していた。もっとも、実際には本当に大事な客人と解放奴隷を一緒くたにしているわけではない。夕食に招待する人同士の**社会的地位が同程度**になるように心がけているし、解放奴隷や身分の低い市民を招くときには、彼らにわたしがふだん嗜んでいるワインを出すのではなく、わたしが彼らの身の丈に合ったワインを飲むようにしている。そもそもわたしは、いろいろな料理を並べて盛大な宴会を開くような、分不相応な真似はしない。誰にでも質素でありきたりな料理を供している。無論、相手が大切な客であれば話は別だ。元老院議員や皇帝の側近などをもてなすときは、金に糸目はつけない。上流の紳士に貧乏人と同じものを食べさせるわけにはいくまい。

先日、わたしのもてなし方に驚きを示した友人の宴会に招かれたのだが、末席に残飯のようなひどい料理が出されるのを見て、いたたまれない思いをした。われわれには上質の小麦で作った雪のように白いパンが用意されていたのだが、末席の彼らには歯が折れそうなほど固くてかび臭いパンが供された。奴隷までもが、その哀れな客人たちをあからさまに軽蔑していて、主賓のわれわれにはいくらでも奉仕するくせに、地位の低い者には飲み物を運ぶことすら拒むほどだった。もし彼らがほかの客に出されたバスケットに入った柔らかいパンに手を伸ばそうものなら、「そのバスケットは違う！　どれが自分のパンなのかわきまえよ！」と辛辣なことばを浴びせられ、パンを取り上げられてしまう。残念なことだが、最近では大きな邸宅にはこうした不遜きわまりない奴隷が大勢いる。高い値段で買われた奴隷はそういう態度をとりがちである。というのも、自分に数千セステルティウスもの値がついたと知っている奴隷は、自分が自由民よりも価値のある存在だと自惚れているからである。こんな寒い冬の日に雨あられに打たれながらエスクイリヌスの丘を登ってきたというのに、ロブスターとアスパラガスを食べているわれわれとは対照的に、奴隷から犬のような仕打ちを受ける友人のクリエンテスたちが哀れでならなかった。

ローマ人たる者、礼儀作法を重んじなければならない。饗宴の席では**機転**をきかせ、あなたの魅力をよどみなく発揮して、ほかの招待客を**愉しませる**ように心がけるべきである。裕福になると尊大な気分になり、自分の意見を高く評価しがちだが、人に講釈したりしてはいけない。**慎み深く**振る舞うことが大切である。

贅沢も度がすぎるとかえって下品になる。わたしは先日まさに豪奢の極みのような宴会に出席した。その家の主人は招待客より遅れて現れた。その無礼を斬新な演出と履き違えていることにも驚いたが、なんと臥輿《レクティカ》に乗り、仕着せに金属の胸当てをつけた奴隷たちに担がれて登場した。いちばん寵愛を受けている少年奴隷が主人の前に進み出て、主人の気を引こうとし、ほかの少年奴隷たちは小さな楽隊よろしく笛を吹き鳴らして臥輿を先導した。主人が指を鳴らすと、すぐさま去勢した若い奴隷が銀製の尿瓶をささげ持ち、主人はその中に用を足した。そして別の奴隷が運んできた水で手を濯ぎ、その手を奴隷の髪で拭いた。

ようやく皆が臥台に横たわると、長い髪をした二人のエチオピア人が、闘技場で砂を撒くときによく使われているような革の容器を持ってきて、われわれにワインを注いで回った。主人は銀の楊枝で歯をほじりながら、遅れた理由を話した。「双六《すごろく》が終わらなくて、皆さんを出迎えられなかったんですよ」。すると奴隷がテレビンノキ〔地中海地方産のウルシ科の木〕でできた遊戯盤と水晶の賽子《さいころ》を運んできて、主人は双六の続きを始めた。その間、われわれは並べられた豪勢な料理の数々を前にしながら待ちぼうけをくわされた。客用のスプーンは銀でできていて、半リーブラ〔古代ローマの重さの単位、一リーブラは約三二七・四グラム〕はあるのではないかというほど重く、それで食事をするだけでも結構な重労働だった。それから、石膏で口に封をしたガラス瓶が運ばれてきた。ラベルに〝最高級のファレルノ産一〇〇年もの〟と書かれた瓶を目の前に置かれたら、何を飲んでいるのか否が応でもわかるというものだ。ワインを味わっていると、今度は奴隷が銀製の骸骨の模型を持ってきた。解放奴隷から成り上がった主人のトリマルキオが客を驚かせようと用意したもので、関節が動き、どちらにでも曲がるようにできていた。テーブルの上に放り投げられたその骸骨は奇妙にゆがんだ姿をさらしていた。

われわれが丸々と太った鶏とガチョウの玉子のパイ生地包みを食べていると、具合でも悪くなったのか、トリマルキオが腹を押さえながら言った。「ちょっと失礼。腸が自分の仕事を放棄してましてね。このところお通じがないんです。腹がごろごろいって、まるで中で牛が唸っているみたいですよ」。そう言って片足を上げると、けたたましい音が響き、すさまじい悪臭が部屋中に充満した。「皆さんも我慢することはありませんよ。なにも恥ずかしいことじゃありません。溜め込んでおくより出してしまったほうがいいですからね。水も、便器も、海綿の尻拭き棒〔古代ローマでは排便後にスポンジのついた棒で尻を拭いた〕を持った奴隷も表に用意してありますから」。われわれはこの親切かつ寛大な申し出に謝意を示すことしかできなかった。

ちょうどそのとき、豚の丸焼きが運ばれてきた。トリマルキオは、その料理をしげしげと見つめ「なんということだ！」と叫んだ。「はらわたが残ったままだ！　ヘラクレスに誓って言うが、きっと料理係が手を抜いたんだ。ここへ連れてこい！」。そして哀れな奴隷が面前に引きずり出されると、トリマルキオは「服を脱がせろ！」と命じた。あっという間に服を引き裂かれ、料理係は前もって呼ばれていた二人の拷問請負人に挟まれて震えていた。客人たちはその奴隷をかばって、口々に言い訳を代弁した。「トリマルキオよ、たまにはそういうこともあるものだ。たった一度の過ちくらい見逃してやったらどうだ」。ひとつ言っておくと、わたしには客人たちの気持ちが理解できなかった。だから親しい知人に身を寄せて、小声で訊ねた。「豚のはらわたを抜き忘れる料理人などこの世にいるか？　ありえない失態だ。もしこんな料理を出されたら、わたしなら許しはしないが」。ところが驚いたことに、トリマルキオは矛を収め、挽回のチャンスを与えた。「だったら今ここではらわたを抜いて、料理人としての腕を証明させようじゃありませんか」。料理係はトゥニカを着ると、震える手で切り分け用の包丁をつかみ、豚の腹を割いた。すると、中から腸詰や蒸し焼きにした肉や果物の砂糖漬けが大量にこぼれ出てきた。われわれの目を欺いたこの仕掛けに賞賛の拍手が湧き起こった。「料理係に万歳！」。客たちは大声で喝采を浴びせた。料理係は褒美としてコリント〔ギリシャの都市。古代ローマではアカエア属州の州都〕産の青銅の盃でワインを賜った。たわいのない戯れ事といえばそれまでだが、とうてい紳士が催したとは思えない饗宴であった。

客を招いても恥ずかしくない邸宅を買えるだけの余裕がないなら、**組合**に加入するとよい。本来はきちんとした葬儀を出すための備えなのだが、たいていどの組合も定期的に宴会を開いていて、上流階級ではないがそれなりの地位の者たちが多く加入している。わたしもその手の組合の一つで名誉会長を務めている。入会金は一〇〇セステルティウスとアンフォラ一杯のワイン。月々の会費は一セステルティウスだ。会員が亡くなると、葬儀の費用として三〇〇セステルティウス、火葬地までの葬列の費用として五〇セステルティウスが遺族に支払われる。わたしの組合では、だいたい月に一度ほどの頻度で宴会を開いていて、参加者はアンフォラ一杯の良質なワインとパンとイワシを持ち寄ることになっている。酒宴の場がただのどんちゃん騒ぎにならないよう、わが組合にはいくつか決まりごとがある。ふらふらと動きまわって場の秩序を乱した者には、四セステルティウスの**罰金**が科せられる。悪態をついたときや、乱暴な振る舞いをしたときは一二セステルティウス、会長であるわたしに不遜な態度をとったときは二〇セステルティウスの罰金を科す。正直に白状すると、わたしは組合の宴会に出席せずに代理を立てることが多いのだが、出席するときはきちんとトーガを着ていくし、組合の守護神である女神ディアナの聖誕の日にはワインを捧げて香を焚く。また、食事が始まる前に、出席者に公衆浴場で使う香油もふるまうことにしている。

社会での地位が上がるほど、その分忙しくなる。わたしは宴会や行事に招かれることが多く、いつも忙殺されている。たとえば昨日は、友人の息子がはじめて成人のトーガを着る儀式に参加し、そのあと結婚を祝う昼食会に出席した。友人から裁判の傍聴を依頼され、別の友人からは遺書の証人になってほしいと頼まれ、また違う友人から官職に就くために助力してもらえないかと相談を受けた。ローマにいる間、こうした雑用にいったい何日費やすことだろう？　だが、雑用から逃れて田舎の領地へ赴くと生活は一変する。好きなだけ学問に明け暮れ、健康のために適度な運動や入浴を愉しんでいればよい。尽きることのない噂話に耳を貸すことからも、クリエンテスに助言を与えることからも解放され、誰にも邪魔されずに書物だけに囲まれて過ごせるのだ。これぞ貴族の生活だ。事業から身を引き、一族の領地を管理することにだけ集中できたら、これほど幸せなことはない。金貸しもせず、軍役にもつかず、集会にも出ない。その代わり、ブドウを育て、牛が草を食み、古いオークの木の下や生い茂る草の上でくつろぐ姿を眺めながら、木の枝で羽を休める鳥のさえずりに耳を傾けていればよいのだ。

解説

裕福で身分の高いローマ人は、働かなければ生計を立てられない人々をあからさまに見下していました。キケロは紳士にふさわしくない卑しい仕事として、さまざまな職業を挙げています（『義務について』第一巻第四二章および第二巻第八七・八九章）。もっとも、一般のローマ市民は自由に職業を選べたわけではありませんでした。わたしたちは上流階層に属さないローマ人を一括りに考えがちですが、中流以下の市民の間にも上流階層と同じくらいはっきりした区分がありました。熟練の職人の報酬が何の技術も持たない労働者のおよそ二倍だった社会にあって、生活水準を上げるには、手に職をつけることが欠かせませんでした。ひと口に肉体労働といっても、田舎での農作業から都市での建築作業や荷役夫まで、いろいろな仕事がありました。ローマには多くの奴隷がいましたが、だからといって市民は働かなくても生活できるというわけではなかったのです。マルクスは最後に農場で暮らす喜びを語っていますが、現実には農場で働く人々の仕事は過酷を極めていて、マルクスの理想とはかなりかけ離れたものだったと考えられます。農場での仕事については、ホラティウスの『抒情詩集』（第二巻）に詳しく書かれています。

地位の高い富裕層にとっては、余暇があるからこそ生まれるさまざまな行事が仕事でした。彼らは、公式行事に参加したり、パトロヌスとしてクリエンテスの面倒をみたり、儀式に出席したり、学問を追求したりして日々を過ごしていました。裕福な貴族が普段どんなことをして一日を過ごしていたのかについては、小プリニウスの『書簡集』（第一巻第九書簡）の例がとても参考になります。貴族は都市での忙しい暮らしにいつも不平を漏らし、田舎の領地での平穏な暮らしを望んでいました。

いちばん体裁がよいのは、田舎に領地を所有して、そこから収入を得ることでした。ですから、ある程度の財産を手に入れると、皆こぞって土地を購入しました。貿易業はローマ社会に地位や職業などの流動性をもたらしました。上質なガラスから当時の人々が愛用していたガルムと呼ばれる魚醤まで、ローマ産の製品は帝国の領地を超えて遠方まで輸出されていました。上流階級の人々は貿易を卑しい仕事と見下していましたが、だからといって手を出さなかったわけではありません。表向きはかつて所有していた解放奴隷などを責任者に仕立て、自分の手を汚すことなく貿易に携わっている人も多くいました。富裕層は都市の不動産にも投資していましたが、大地主となったクラッススに比べれば、その規模ははるかに小さいものでした。都市の住宅はたいてい粗雑なつくりだったため、倒壊したり火事で焼失したりすることがよくありました。ローマで頻繁に建物が倒壊することは、アウルス・ゲッリウスの『アッティカの夜』（第一五巻第一章）やキケロの『アッティクス宛書簡集』（第一四巻第九書簡）に書かれています。ゲッリウスは火事の発生を目撃する様子を描いていますが、驚くことに火事に巻き込まれた人々のことはまったく心配していなかったようです。火事が起きた建物の住民が避難する様子はおろか、避難できたかどうかすら書かれておらず、投資した資産の価値がなくなってしまうことだけを心配しているのです。

トーガの正確な形状や着用の仕方はまだ不明な点が多く残っています。ただ、クインティリアヌス（『弁論家の教育』第一一巻第三章）の記載によれば、かなり複雑な衣服であったことは間違いないようです。多くの場合、衣服としては機能的でないことが、かえって貴重なものとみなされ、社会的地位の象徴となっていたと考えられます。胸の部分にできる襞《ひだ》はシヌスと呼ばれ、そこから誰かと親しくなることを"insinuate"（シヌスに入れる）というようになりました。古代ローマでは衣類の洗濯に石鹸を使う習慣がなかったため、トーガを白く保つのはとても大変なことでした。洗濯には石鹸の代わりにいろいろなアルカリ性物質が使われていましたが、とりわけよく使われていたのは人間の尿でした。トーガは複雑で普段から身につけるのは大変だったため、やがて皇帝も観戦に訪れる競技会などの公式な行事のときにだけ着る正装になり、帝政期の初期にはラケルナと呼ばれるマントのような服を着ることのほうが多くなりました。

エジプト属州の都市アレキサンドリアにさまざまな職人がいたことについてはハドリアヌス帝時代の話とされていますが、実際にはもっと後年のことで、詳しくは『ローマ皇帝群像：フィルムス、サトゥルニヌス、プロクルス、ボノスス』（第八巻）に記述があります。ディオクレティアヌス帝〔在位二八四〜三〇五〕が三〇一年に制定した最高公定価格には、あらゆる職人と労働者の一日の賃金が列記されています。三世紀にローマでインフレーションが発生したため、金額がデナリウス貨〔古代ローマの銀貨〕で記載されているので、帝政初期のセステルティウス貨〔セステルティウスの価値はデナリウスの四分の一に相当〕で示されている金額と比較するときには注意が必要です。大富豪となったクラッススの話は、プルタルコスの『英雄伝』の「クラッスス伝」に描かれています。戦車競走の御者ディオクレスの生涯獲得金額はＣＩＬ１４・２８８４〔ＣＩＬはラテン語碑文集成の略〕に書かれています。戦車競走で勝つために唱えられていた呪文は、アンミアヌス・マルケリウスの『歴史』（第二六巻第三章第三節）に基づいています。皇帝のカリグラが馬のインキタトゥスを寵愛していた話は、カッシウス・ディオの『ローマ史』（第五九巻第一四章）とストエニウスの『ローマ皇帝伝』の「カリグラ伝」を参考にしています。架空の成金トリマルキオが開いた豪奢な饗宴の話は、ペトロニウス作と伝わる小説『サテュリコン』にあります。もっと一般的な宴会を開いていた葬儀組合については、ＣＩＬ１４・２１１２に書かれています。

第2の習慣

貞淑な妻を娶る

もしも妻を持たずに生きていけたなら、どれほどの煩わしさから解放されることであろう。だが、妻はいても地獄、いなくても地獄というのが自然の定めである。どのみち妻を持たねばならないのだから、どう扱えばよいのか考えておくに越したことはない。極論をいえば、目先の快楽よりも、長い目で見たときに将来が安泰であることを優先すべきである。

どの女を妻にするか決めるのは至難の業である。そこで、妻として申し分のない女とはどんな女なのか教えよう。率直に言ってしまうが、がっかりしないでもらいたい。**妻と暮らすというのは困難なことである。**妻に義理立てして、煩わしいことなどそれほどないし、たとえ口論になったとしてもすぐに忘れてしまうような些細なことだという友人もいる。あるいは、そうした諍《いさか》いが生じるのは結婚そのもののせいではなく、夫にしろ妻にしろ相手を思いやる気持ちに欠ける個人の問題だと言う人もいる。だが、わたしの言っていることが真実だということは、世の夫たちも本当はわかっている。こんなふうに包み隠さず話すのは、わたしの妻への愛情がほかの男より劣っているからではない。この本の読者にも独身の男性がいると思うが、思い切って結婚しようか迷っている人に偽りの希望をもたせたくないだけだ。結婚生活の実態を知らずに、現実離れした理想を抱いているなら、むしろ早まるべきではない。

健康で、自制心があり、人並みの容姿の女を選ぶ

妻を選ぶうえで最初に考えなければならないのは、何のために結婚するかということである。言うまでもないが、結婚の最たる目的は子孫を残すことだ。結婚する人が少なければ、当然ながらローマ帝国は存続できない。兵士となって戦う息子と、その息子と結婚する娘がいなかったら、わが帝国は瞬く間に衰退するだろう。国家を存続させるという偉大な使命の一翼を担いたいと思うなら、それがいかに大事なことであるかをきちんと認識し、断固として成し遂げるという固い意志をもって臨まねばならぬ。

妻を娶《めと》るときには、相手をじっくり吟味しなければいけない。美人だからというだけで決めてしまうと、妻はあなたの望みをすでに叶えたものと開き直り、ほかのことは一切期待できなくなる。家のことがきちんとできなくてもお構いなしで、家庭が崩壊してしまう。だが、そもそも美人であることを理由にその女と結婚したのであって、実生活での器量は求めていなかったのだから、あなたとしてもその現実を受け入れざるをえない。高貴な身分や裕福な家に生まれた娘を選んだときも同様だ。それゆえ、相手の家柄だけで結婚を決めてはいけない。財産や身分や美貌が幸せな結婚生活をもたらすわけではない。裕福で、身分が高く、美しいからといって、夫のことを気にかけ、思いやりをもって尽くす女とは限らないし、むしろその逆であることもままある。ましてや、子孫を残すという観点からみれば、富も地位も美貌も何の役に

も立たない。相手の家系を遡って、**健康な男子の跡継ぎ**がきちんと生まれているかどうかを確認することのほうがずっと大切である。本人の身体的な面については、**健康**で、**人並みの容姿**で、**重労働に耐えられる**かどうかが重要だ。それほど美人でないとしても、かえってほかの男から誘惑されて不貞をはたらく心配もないし、体が丈夫なら肉体労働をするにも出産するにも都合がよい。

妻にするなら**自制心**があり、**貞淑**な女がよい。無論、あなた自身も自らを律し、高潔な振る舞いをしなければならぬ。夫と妻の目指す方向が違っていたら、結婚したところで、どちらも得られるものはないだろう。互いに相手を思いやることのできない夫婦が仲睦まじく暮らせるわけがあるまい？　曲がった枝は真っ直ぐにはならない。曲がった枝同士をつなぎ合わせることはできないし、たとえ片方が真っ直ぐでも、もう一方が曲がっていたら、やはりつなぎ合わせることはできない。それと同じで、美徳を備えていない配偶者を選ぶと結婚生活はおのずと破綻することになる。

一人では管理しきれないほどの広大な領地を所有しているなら、信頼のおける女を妻にすれば、留守にするあいだ領地の管理を委ねることができるので大いに助かる。男は元来、活動的で、独立心が強く、表舞台に立つことに向いているが、女は家にいて、人目に触れないことを好むものである。そうやって互いに補い合うようにできているのだ。妻の才覚を認めて活かしてやれば、夫の留守中も言いつけを守り、滞りなく領地を管理することができる。

では、わたしの妻はどんな女か？　名はクラウディアといい——彼女の二人の姉妹も同じ名前だ——、色白で、小柄で、すらりとしている。美人だと言う男も多いが、立っていると人間というより彫像のようで色気はなく、冗談はまったく通じない。だが、わたしにとっては女神ウェヌスを思わせるとても魅力的な女だ。愛らしいその笑顔を見つめると、全身がしびれる。彼女に添い寝するとまるで神になったような心地がする。妻は手際よく羊毛を紡ぐことができ、家内奴隷もきちんと管理している。出産中や生後間もなく亡くなった子もいたが、早逝した一人を含め四人の子供を育てあげた。

父親に逆らわない

女性の読者は、父親があなたを誰かに嫁がせようとしているなら、その申し出を嫌がるような愚かな真似をしてはならない。結婚は本人の気持ちだけで決められる単純な問題ではなく、それぞれに守るべき利権のある家同士の結びつきである。それに、娘を嫁に出すには家の社会的な地位に応じた持参金も必要になる。そんな大事な問題に娘のあなたが意見することなどあってはならない。あなたの**純潔**はあなた一人のものではない。**三分の一は父親、三分の一は母親**のもので、**残りの三分の一だけが自分のもの**だということをよくよく覚えておくがよい。相当な金額をつぎ込んであなたを育てた上に、愛する娘と多額の持参金をあなたの夫となる相手に譲り渡そうとしている両親に楯突いてはならぬ。

以前、一四歳になる姪に婿を探してやらねばならぬことがあった。若い娘にとって結婚はきわめて大事な問題で、数年前に父親が亡くなっていたので親代わりをすることになったのだ。運よく、わたしの友人に最適な男がいた。ミヌティウス・アエミリアヌスはわたしが目をかけていた若者で、彼のほうもわたしを慕い、わたしがその姪の父親を目標にしていたように、彼もわたしを手本としていた。彼は当時三五歳でちょうど人生の盛りにさしかかり、すでに護民官と法務官を務めていた。母方の祖母であるセラナ・プロクラは人徳のある民が多いといわれるパタウィウム〔現在のパドヴァ〕の生まれであり、伯父のアキリウスは聡明で、誠実で、威厳に満ちた類まれな人柄で知られていて、わが一族にひけを取らぬ家柄だった。ミヌティウス自身も溌剌としていて感じがよく、勤勉で謙虚な好人物だ。血色のよい端正な顔は育ちのよさを思わせ、振る舞いは優雅で気品に溢れていて、まさに申し分のない相手だった。それに何といっても父親が大富豪だった。金のことを持ち出すなど下世話であることは承知の上だが、財力がものをいう時代を生きている以上、その問題に触れないわけにはいかない。財産の多少によって地位が決まる社会にあって、裕福であるか否かは問題ではないなどというのは馬鹿げた考えといわざるをえない。ともあれ、この二人は前途有望で心優しい夫と従順でわきまえのある妻という最高の夫婦になった。

外見を褒める

妻になる女にはじめて引き合わされたときに、わたしが父から教わったことをあなたがたにも伝授しよう。「妻の顔立ちや髪やしなやかな指や美しい脚をひたすら褒めよ」と父は言った。「どんなに控えめな性格でも綺麗だと言われて喜ばない女はいない。生娘にとって自分の容貌は喜びの種でもあり不安の種でもあるからだ」。なんと真理をついたことばであろうか。結婚相手と契りを結ぶときには、相手を安心させるように心がけねばならない。最初の段階で扱い方を間違えると、妻は機嫌を損ね、頑なに心を閉ざしてしまう。**神々を讃えるように褒め讃えるべきであり**、**欠点を指摘してはいけない**。痩せぎすの女にはすらりとしている、太った女には豊満だと言ってやればよい。それから、歳を訊ねてはいけない。とくに女盛りを過ぎて、髪に白いものがまじっている女なら、なおさら年齢の話は禁句である。

こうした努力をもってしても相手がつれないときは、魔術に頼るという手もある。わたしの友人は、目当ての女を口説き落とすことができず、エジプト人の魔術師からこんな魔術を教わった。「アプロディテ〔愛と美をつかさどる女神〕には**ネフェリエリ**という秘められた別の名がある。美しい女を振りむかせたいときは、三日間禁欲し、それから乳香を焚いてその名を唱えればよい。愛する女のそばに行って見つめながら心の中で七回唱えよ。これを七日間続ければ願いが成就するであろう」。残念ながらこの魔術に効き目はなく、友人の恋が成就しなかったことは想像にかたくない。だいたい、近づいて見つめながら息を殺して何やら呟いていたら怪しまれるに決まっている。しかし、ほかにこんな魔術もある。意中の相手の名前をラバの血でパピルスに書き、それを酢で湿らせて浴場の蒸し部屋の天井に貼りつけると想いが成就するそうだ。

肌艶、髪の染めすぎ、体臭に気をつける

想いを寄せる相手の気を惹きたい女性は、顔の手入れを念入りにするとよい。誰の目にも明らかな欠点でも、**肌艶**がよいだけでたいていは隠すことができる。わたしの母が実践していた美容法は、寝起きでも明るく張りのある顔になるのでお勧めだ。まず、二リーブラ〔約六五〇グラム〕の大麦を用意し、殻を取り除く。できればリビア産の大麦がよい。それから同量のソラマメに玉子一〇個を混ぜて湿らせ、大麦を取り出して天日干しにする。乾いたら、若くて活発な雄鹿の角と一緒に、ラバがのんびりと回す石臼で粗めに挽く。そこへ、外皮を取り除いて純大理石の調理台の上ですり潰しておいた水仙の球根を一二個加え、最後に九倍の量の蜂蜜でのばす。できあがったペーストを一晩塗って寝れば、翌朝には鏡よりも滑らかで艶のある顔になる。

にきびで悩んでいる人は次の方法を試してみるとよい。まず六リーブラ〔約二キログラム〕のルピーニ（ウチワマメ）などの豆を焼いてから挽く。そこへ腕っぷしの強い人が捏ねた白鉛とアヤメを加え、つなぎにアッティカ産の蜂蜜を入れて混ぜ合わせる。先端が黒ずんでいるにきびには香料と硝石を足すと効果がある。それぞれ三分の一リーブラ〔約一〇〇グラム〕に樹脂から採取した

ゴムと没薬《もつやく》を加え、挽いてからふるいにかけ、さらに蜂蜜を足して混ぜる。香りづけにフェンネルを入れてもよい。最後に乾燥させたバラの花びらを散らし、大麦湯で溶く。この液体を肌に塗るとにきびが消えてすぐに綺麗な顔になる。

髪を染めようと思っているなら注意したほうがよい。わたしの知り合いに、頻繁に髪を染めて色を変えていたせいで、腰まであった絹のような**美しい髪がすべて抜け落ちてしまった**女がいる。もともとは綺麗な巻き毛で、わざわざ熱したこてを当てて巻く必要もなく、お付きの奴隷も主人の髪に手間がかからないので楽だった。髪留めも櫛も必要なく、もつれてだまになることもないので、奴隷がなんとか解こうと髪を引っ張りすぎて、主人に髪留めや櫛で腕を突かれることもなかった。その恵まれた髪を失った彼女は、ゲルマン民族の捕虜の女の髪で作った金髪のかつらを買ったのだが、かつての美しさには及ぶべくもなかった。

女性は自分の**口臭や体臭**にも十分気をつけなければならない。どんなに好色な男でも、鼻をつく臭いが漂ってきたら、口説く気も失せるというものだ。面白い笑い話がある。ある若い俳優が二人の女に言い寄られた。一人は口臭がすさまじく、もう一人はワキガが強烈な女だった。「キスして」と一人が言い、「抱きしめて」ともう一人が囁いた。だが男は嘆くことしかできなかった。「ああ、いったいどうすればよいのだ？　二人の悪魔の板挟みだ！」

初夜は肛門に挿入する

さて、適当な結婚相手が見つかったら、婚姻の形態を決めねばならない。伝統的な婚姻では妻をファミリアの一員としてあなたの家に受け入れる。その場合、妻は生家の一員としての権利を失い、あなたの庇護下に置かれることになる。もっとも近年はもっと進歩的で、ゆるやかな形の婚姻が好まれる傾向にある。それは、妻は生家の一員として父親の庇護下に置かれたままにするというものだ。そうすることで、もし結婚生活がうまくいかず、実りのないものだとわかったときに、婚姻を反故《ほご》にすることがとても容易になる。この点についてはあとで詳しく述べることにしよう。

結婚生活に最初からけちがつかないように、結婚式は縁起のいい日を選んで行う。間違っても、ローマがカンナエの戦いでハンニバルに歴史的な惨敗を喫した悪夢の日である八月二日に式を挙げたいと思う人はいないだろう。**六月末の数日間**は気候もよく結婚式を挙げるのによい時期だ。結婚式では花嫁は赤いヴェールをかぶり、簡素な白いドレスを着る。ドレスはヘラクレスノットで結ばれていて、その結び目を新郎があとで解くことになる。式では最初に生贄を捧げ、吉凶を占う。次いで、証人と国の父である皇帝の肖像の前で新郎新婦が結婚誓約書に署名する。その後、一度しか結婚経験のない女性が二人の右手を重ね合わせ、二人は互いに声に出さずに誓いを立てる。そして晴れやかな祝宴が催され、賑やかに結婚を祝う。

祝宴の最後に、新郎は嫌がる花嫁を母親の腕から無理やり引き離すふりをする。これはかつてローマ人がサビニ族の女たちを強奪したことにちなんで行われる慣習で、そのおかげでローマが存続できたことを示すものだ〔建国したころのローマ人は独身男性ばかりだったので、他民族の女を強奪して子孫を残したと伝わる〕。祝宴が終わると参列客の行列が新婦を新郎の家まで送り届ける。道中、人々は、寝所に入ったら新郎がどんな猥褻な行為をするかを冗談めかして花嫁に聞かせる。新郎は家で待っていて、戸口で花嫁を足が地面から完全に浮くように抱き上げ、花嫁が新郎の家の一員になったことを示す。それから二人で一家の守護神に短い祈りを捧げる。こうして結婚の儀式がつつがなく終了すると、参列客は家路につき、新郎新婦は二人きりになる。

無理もないことだが、このときたいていの女は緊張している。処女を奪われる恐怖から悲鳴をあげて逃げ出す花嫁もいると聞く。わたしも結婚初夜のことはよく覚えている。わたしは三〇手前だったが妻はまだ一四歳の少女で、寝所に入って服を脱がせるとぶるぶると震えていた。わたしは自分が優しい夫であることを示そうと、少年を相手にするときのように**肛門に挿入**した。初夜にはそのやり方ですませる男も多い。二日目の夜になってようやくふつうの契りを交わし、妻の純潔を奪った。

新しい伴侶に対する不安や不満から、夫が近づこうとすると拒む妻もいる。だが、たとえキスしようとして拒まれても、かまわずしてしまうことだ。はじめは抵抗して触らないでと喚くかもしれないが、所詮は勝ち目のない戦なのだから。ただし乱暴にしたり、力を入れすぎて怪我を負わせたりしないように気をつけねばならない。そんなことをして初夜にみすみす嫌われることはない。次の段階へも力ずくでなければ進めないこともあるが、まず心配は無用だ。女は傷つけられることを好む。女が与えたいと思うものは、すなわち奪われたいものなのだ。激情にまかせて強引に純潔を奪ったとしても、最後には悦びで満たされる。女にとってこれ以上の幸せはない。逆に、無理強いされて降伏するはずだったのに、何もされずに終わってしまったら、どんなに嬉しそうに振る舞っていても、心の中では悲しんでいるものだ。ポイベとヒラエイラの姉妹のように、略奪されて手籠めにされたとしても略奪者である夫への愛が揺らぐことはないのである。〔ギリシャ神話でカストルとポルックスの兄弟が婚約者のいた叔父の娘たちを強奪して妻にした〕

己をもっとも魅力的に見せる

正直にいうと、この先へ話を進めるのはいささか恥ずかしい。だが、夫婦の営みにおけるもっとも大事な部分に触れなかったら愛の女神ウェヌスが満足してくれないだろう。寝所では女は**自分の魅力を最大限に際立たせる体位**で愛の攻防戦に臨むべきである。美人はその整った顔立ちを夫がくまなく堪能できるように仰向けになるとよい。きれいな脚が自慢なら、両脚を夫の肩の上に載せてしっかり見せることだ。背が低い女は夫に馬乗りになってもらい、背が高い女は夫の前で膝をついて顔を少しそむけるのがいい。まだ若くて太腿に張りがあり、胸に傷の一つもないならば、寝台を横切るように寝そべり、髪が肩からゆったり流れるようにするとよい。出産の女神ルキナのはからいで身ごもっているときは、攻防戦は放棄すべきだ。もっとも、交わるときにはいろいろな体位があるので、わたしなら試合を続けられる。体への負担が少なく、いちばん楽な姿勢は、体の**右側を下にして横になる**ことだ。

女と交わるときに最後まで持ちこたえられるか不安に思っている男性読者もいることだろう。あらゆることがそうであるように、夜の営みで体力を持続させるにも実践と訓練あるのみだ。だが、特別な**媚薬**もあるので紹介しよう。エジプトで出会った男に教わったものだ。その男は黒魔術に詳しく、どんなときでも役に立つ魔法をいろいろと知っていた。

◎精力が旺盛になる魔法

小さな松ぼっくり五〇個に甘口ワインと胡椒の実を二粒加えて挽いたものを飲む

いつだったか一夜の短い戯れの間に九回も求めてきた女がいて、さすがのわたしも疲れ果てたことがあった。幸いそのときは別の媚薬を持っていた。すぐに萎えてしまう人は、こちらを試してみるといいだろう。胡椒に蜂蜜を加えて挽いたものにイラクサとキンレンカの果汁を混ぜて性器に塗る。この媚薬はいつも効き目がある。あるいは、ムーサイオス〔ギリシャの詩人〕やサビニ族の猥褻な書物の助けを借りて、その気になるという方法もある。

中絶するよりも妊娠しないようにする

結婚とは子をなすことともいえる。実際、子供が生まれないうちは法的にも結婚が完全なものになったとはいえない。とはいえ、女と交わるときにいつも妊娠を望んでいるとは限らない。結婚している夫婦であっても、妻が妊娠しやすい体質の場合は次に妊娠するまでの期間をあけなければならないこともある。だが、避妊する方法はいろいろあるので心配には及ばない。

まず、妊娠しやすい時期の性交渉は避けるにこしたことはない。行為に及ぶときは、古いオリーブ油、蜂蜜、スギかバルサムの樹脂のいずれかを直接、または白鉛で薄めて子宮口に塗るとよい。細く紡いだ羊毛をひとかたまり加えてもよい。どれも動きを鈍らせ、落ち着かせる効果があるので、子宮口が閉じて精子が子宮に達するのを防ぐ。伝統的な避妊法では**毛むくじゃらで頭の大きな蜘蛛**を使う。蜘蛛の腹を裂き、中から取り出した二匹の寄生虫を鹿の皮で作った紐で女の体に結びつける。そうするとその女は妊娠しないという。聞いたところでは、一年間効果が持続するそうだ。

迷信めいたものが好きなら、先ほどのエジプト人に教わったこんな**秘薬**もある。

◎世界でいちばん効き目のある避妊法

ビターベッチ〔豆類の一種〕の種を、妊娠を避けたい年数と同じ数だけ使う。まずその種を女性の月経血に浸す。生きたカエルを捕まえてきて、ビターベッチの種をカエルの口に入れてのみ込ませてから、捕まえた場所の近くで放す。それから鼻をつく臭いのするベラドンナの種を雌馬の乳に浸し、大麦を数粒と牛の鼻汁とラバの耳垢を混ぜたものを鹿の皮でできた袋に入れる。袋の口をラバの皮で作った紐で縛ってとじ、月が十二宮の女性の星座の位置に入って欠けていく間、お守りとして身につける。

妊娠してから中絶するよりも、妊娠しないようにするほうが安全である。堕胎によって当人が死に至ることも多い。先日、中絶したために命を落とした女の葬列に出くわしたことがあったが、葬列を見た人々は皆「自業自得だ！」と罵声を浴びせていた。だが自分には中絶など無縁だと考えるのはあまりに呑気すぎる。もしものときのために、やり方を説明しておこう。胎児を堕ろすには、女をたくさん歩かせ、馬に乗せて身体を揺すらせることだ。激しく飛び跳ねさせることや、女には重すぎるものを持ち上げさせるのも効果的である。それでもうまくいかない場合は、亜麻仁とウスベニタチアオイとヨモギを混ぜて大きな釜で茹で、その中に女を入れる。これと同じものを膣《ちつ》に湿布して、オリーブ油にライ麦と蜂蜜とアヤメを混ぜたものを飲ませる。

人妻との逢瀬は大競技場で

夫が快楽のために妻以外の女と性的関係を持つことは、妻がどこまでも夫に貞淑であるのと同じくらい自然なことである。どんな男であっても、時が経つにつれて妻への興味が薄れていくのは避けようがない。こんな話を聞いたことがある。監察官が人口調査をするとき、市民は質問に対して宣誓の形式で答えることになっている。あるおどけ者は「差し障りがなければ答えよ。妻はいるか？」と訊かれ、思わずこう答えたという。「ヘラクレスに誓って、妻はおりますが、わたしにとっては差し障りのある妻です」。先日はもっと面白い冗談を耳にした。死の床についたある学者に妻が言った。「あなたが死んだら、わたしもあとを追います」。すると学者はこう答えた。「どうして生きている間にわたしを幸せな気持ちにさせてくれなかったのか？」

夫のある女と関係を持つことには慎重になったほうがよい。**妻が不貞をはたらく**ことは罪であり、夫には相手の男に**重い罰を科す**権利が法で認められている。もし見つかってしまったら、どんな目に遭うかわかったものではない。鞭で打たれるかもしれないし、屋根から投げ落とされるかもしれない。莫大な慰謝料を請求されることもある。尿をひっかけられたり、睾丸を切り取られたり、大きなラディッシュで殴られたりしてもおかしくない。それだけ危ない橋を渡るということなのだ。それでもなお人妻との情事を望むなら、以下の助言に従うとよい。

相手は**劇場**で物色するに限る。劇場にはありとあらゆる女がいるので、好みの女を見つけることができる。キスされたり愛撫されたりして束の間の戯れに興じたいだけの女もいれば、あなたを独り占めしたいと願う女までよりどりみどりだ。列になって通り過ぎる蟻や色鮮やかな花に群がる蜂のように、劇場には華やかな装いをした愛らしい女たちが集まってお喋りをしている。催し物の見物に来ているふりをして、実のところは、見られることを喜んでいるのだ。生まれ持った慎み深さもここでは影を潜める。夜空に輝く幾千の星のようにきらびやかな女が多すぎて、目移りしてしまうに違いない。

相手を決めたら、次に大事なのは声をかける場所である。**キルクス・マクシムス（大競技場）**は戦車競走を観にきた大勢の観客でごったがえしているので、人目につかず堂々と逢瀬を愉しむのに最適な場所だ。妻が同席している宴会の場のように互いに気づかないふりをしたり、秘密の合図を送って示し合わせたりする必要もない。ただ目当ての相手の隣の席に坐り、なるべく身体を寄せればいいだけだ。どのみち座席が狭く隣の人と密着せざるをえないので、すこしも不自然ではない。隣に陣取ったら、その女のお気に入りの馬に関心があるように装い、一緒になって応援する。そのうち彼女の胸元に土埃がつくかもしれない。競技場では多くの馬が土の競走路を勢いよく駆けているので、実際によくあることだ。そんなときは手で優しく埃を払ってやる。本当は土埃などついていなかったとしても、いかにも埃を払うような仕草をすればよい。ほかにも競技場ならではの利点がある。女が衣服の裾を地面に引きずっていたら、裾を持ち上げてやるとよい。親切に感謝してもらえる上、衣服の下に隠れた脚を見ることもできる。女の真後ろの席の観客に彼女の背中を膝で蹴るのをやめるように注意するという手もある。とにかく女への気遣いを示すことだ。女のためにクッションを持っていく者も多いし、競走予定表で扇いでやるのもお勧めだ。女というのは単純なので、こうした些細なことで心をつかむことができる。

言うまでもないが、女との逢引をやめようと思うときがいずれくる。ほんの遊び心で戯れるのは構わないが、だらだらと関係を続けるのはみっともないし、妻の不興を買うおそれもある。色恋沙汰に耽るのをやめたいときは、予定を詰め込んで**余分な時間をつくらない**ことだ。じっとしているとクピドの恋の矢に狙われやすいが、絶えず動いていればウェヌスのいたずら息子〔クピドのこと〕もすぐに諦めるだろう。もっぱら事業に目を向け、集会に出席し、友人と過ごす時間を増やすことだ。軍に入隊してもいい。有意義なことが何もないなら、双六《すごろく》でもしていればいい。ワインをたくさん飲んで感覚を麻痺させ、恋い焦がれる胸の苦しみを追いやるのもよい。いずれ愛の神もあなたを煩わせるのを諦めるだろう。

娼婦と奴隷が手っ取り早い

面倒なことは抜きにして手っ取り早く性的快楽を得たいなら、娼婦を買えばよい。若い男が娼婦と交わることは禁じるべきだなどというのはあまりにむごい考えであり、時代の精神とも伝統的な習慣とも相容れない。いつの時代でも若い男は女の尻を追いかけたがるもので、それを禁じることなどありえるだろうか？　高貴な婦人とただならぬ関係になることや、人妻に熱を上げて追い回すことに比べたら、売春宿に入り浸って経験を積み、愉しみながら性欲を発散させるほうがよほどよい。夢占い士のアルテミドロスに聞いた話では、娼婦と交わる夢はわずかな不名誉と幾ばくかの出費を示すそうだ。たしかに娼婦は安く買えるし、何の害にもならない。ただし、なかには度を越した例もある。詩人のホラティウスはことのほか性欲が強く、家に娼婦を囲っていた。鏡張りの寝所を設《しつら》え、どこを見ても行為に及んでいる姿が見られるようになっていたそうだ。

娼婦はどこでも簡単に買える。わたしが知る限り、最高の売春宿は**コリントのアプロディテ神殿**だ。神殿には敬虔な信者から捧げられた女奴隷が一〇〇〇人以上いて、参拝客は女神に敬意を表するという名目でコリントの町で女奴隷と交わることができる。噂は瞬く間に広まって参拝客が押し寄せ、おかげで町は裕福になった。

残念ながら、ローマの娼婦はとても程度が高いとはいえない。長きにわたってギリシャやシリアからろくでなしの移民が偉大なるローマへ流れ込んできたせいで、今では市内のいたるところに外国語や異国の慣習が蔓延している。大競技場の周りにいるのは異国から出稼ぎに来て路上で客引きをする娼婦ばかりだ。わたしもそういう女を買って酷い目に遭ったことがある。年増の娼婦だったのだが、禿頭をかつらで隠し、顔は皺だらけで、まるで老いた猿のようだった。歯は四本しか残っておらず、胸は蜘蛛の巣のように垂れ下がり、声は蛙の鳴き声のようにしわがれていた。尿瓶と腐りかけの雄山羊の臭いが混ざったような強烈な口臭には辟易したものだ。

たいていの場合、いちばん手っ取り早いのは奴隷と交わることである。そもそも奴隷は**主人の所有物**なのだから、奴隷を快楽の道具にしたところで何の問題もあるまい。気に入っている少年奴隷の美貌を際立たせるために女の格好をさせる主人も多い。ただし、奴隷が少年でいられる時間はそれほど長くないということを心に留めておくべきだ。成長してもなお少年らしさを保つことを強いられている姿は滑稽でしかない。体つきは兵士のように屈強になってきたのに、顔だけは何時間もかけて髭を残らず抜いてつるつるになっているなど笑止千万だ。

女奴隷と関係と持つときは**妻の機嫌を損ねない**ように気をつけねばならない。奴隷の宿所で若い女奴隷と午後のひとときを過ごしたあと、夫婦の寝所で妻に背を向けたりしようものなら厄介ごとになるのは目に見えている。もちろん攻撃の的は主人ではない。痛い目に遭うのは哀れな女奴隷のほうだ。女主人の髪を巻いている間に自分の髪を引き抜かれ、服を背中から破かれたりする。「どうしてそんなに上まで巻くの！」という悪意に満ちた罵声が浴びせられ、まるで凶悪な罪を犯した罰だとでもいわんばかりに髪留めで腕を刺されるかもしれないし、酷い場合は鞭打ちに処されかねない。

交わりの夢から未来を判断する

奴隷と交わる夢を見るという話はよく聞く。奴隷に限らず、さまざまな相手と性交に及んでいる夢を見ることは珍しくないので、そのような夢が何を暗示しているのか教えておこう。奴隷に犯される夢は、その奴隷から**憎まれたり傷つけられたりすることを暗示**しているのでよくない兆しといえる。自慰行為をしている夢は、現実世界で奴隷と交わることを暗示している。奴隷にさせるのと同じことを自分の手にさせているからだ。禁断の交わりに興じる夢を見ることもある。まだ五歳にもならない幼い息子と交わる夢はその**子供が死ぬ前兆**である。息子が五歳から一〇歳の場合は、その子が病気になり、夢を見た本人も事業で大損をすることを暗示している。幼いわが子と関係をもつなど愚の骨頂であるから、そんな夢を見るのは悪いことが起こる前兆というわけだ。だが、息子がすでに青年になっている場合には、その息子が適切な時期に財産や土地を受け継ぐことを示すので、よい兆候といえる。相手が男であれ女であれ、知り合いに口で奉仕している夢は、今後その人とは会話できなくなるという意味があり、相手と**敵対することの予兆**といえる。女が知り合いの男と交わる夢を見るのは吉兆である。とくに相手が金持ちの場合は幸運がもたらされるといわれている。ときには理解しがたい夢を見ることもある。ある人は自分のペニスに毛が生える夢を見た。毛がどんどん濃くなって先端まで広がっていき、とうとう全体が毛むくじゃらになってしまったという。その男は有名な同性愛者で、あらゆるやり方で性的快楽を貪っていた。だが、いつも受け入れる側を好んで、ふつうの男がするように行為の最中にペニスを激しくこすることがないので、毛が生える夢を見たのかもしれない。

男と女、どちらと交わってもよい

変わった性的嗜好を持つ人はどこにでも少なからずいるものだ。受け身が好きな男がいるかと思えば、見た目まで女らしくする男もいる。髪を巻き、化粧品を駆使して全身の肌を柔らかくし、脱毛し、女の服装をするのだ。それだけでは飽き足らず、つま先でそっと歩くといった女っぽい動作を真似ることもある。男が自然に女のようになったり、受け身を好むようになったりするとは考えにくいし、何か病的な原因があるとも思えない。慎みが抑え込まれ、欲望だけが解き放たれると、人はそのような行動に走るようだ。そういう男が女装をするようになったら、体に異常があるせいではなく、**精神がおかしくなった**とみてまず間違いない。女同士で交わることに快楽を覚えるのも似たようなもので、男より性欲が旺盛になるのは、やはり精神に異常をきたしているせいである。一部の医者によれば、子宮内で精子と卵子がうまく結合できずに生まれた場合、男が女のようになったり、受け身を好むようになるという。これは、行為の最中に女があまり激しく動くと、生まれてくる子供が情緒不安定になるというのと似ている。また、こうした欠陥は遺伝によるもので、人間にはその障害を防ぐ能力が備わっていないという医師もいる。原因が何であれ、変わった性癖を持つ人は大勢いて、その気になればいくらでも見つけることができる。つい先日もわたしの家の入口の壁にこんな落書きがされていた。

「フェリクスははした金のためにペニスをしゃぶる」

　女と若い男とではどちらと交わるほうがよいかは悩ましい問題で、意見の分かれるところだ。大前提として、なるべく長い時間、行為を持続できるほうがより快感を得られるのは多くの人の実感だろう。あっという間に終わってしまうと、快感を得られたのかどうかすら気づけない。そういう意味では、少年よりも女に奉仕してもらうほうがずっといい。無垢な少女から大人の女にいたるまで、あるいは目尻に皺のある年増であっても、男は女を腕に抱くことで幸せを感じるものだ。どんなに年嵩《としかさ》でかつての美貌がすっかり失われてしまっていても、**経験豊富な女は床上手**で男を喜ばせるのがうまい。一方で、二〇歳の青年との情事は**対等な男同士の禁断の交わり**であり、この上なくそそるものだという声も多い。そのくらいの年齢になると、逞しく男らしい体つきになり、体毛も生えてくる。かつては華奢だった顎も髭が生えてがっしりとしてくる。下半身については言うに及ばない。だが、女の場合はいくつになっても、毛のない肌は全身輝いて見え、背中をつたう豊かな巻き毛は牧草地のセロリよりも鮮やかな曲線を描いて、くすんだ美しさに花を添える。

　男女が交わるときはどちらも喜びを得られるが、男同士でもそれは同じだなどというおめでたい考えの人はおるまい。男同士の場合、攻める側はとろけるような快楽にひたることができるが、受け入れる側は涙が出るほどの苦痛に耐えねばならない。もっとも、その痛みも時間とともに和らいではいくのだが。それに、男と交わるときのやり方は女にも使えるので、女とであればふた通りの愉しみ方ができる。それならわざわざ男を相手にする必要はないと言う人もいる。男同士で交わることが許されるなら、女同士でも構わないはずだという意見もある。女同士の場合、一人があの奇妙な形を模して精巧に作られた性具――といっても精子は入っていないが――を装着して行為に及ぶ。女同士が交わることは、貴族の男が女の役割を引き受けるよりよっぽどましだと考える人もいる。

もっとも、これには反対意見もあり、男同士の交わりは**快楽と美を兼ね備えた唯一の行為**であると主張する人もいる。つまり、男女の婚姻が人類の存続に必要なことであるのに対して、男の同性愛はいかなるときも高貴で哲学的な結びつきなのだ。欲望ではなく美から生まれるものであり、そうであるからこそより尊いのである。生き延びるために日々奮闘することに精一杯だった時代は女と交わっているだけでよかったが、そんな切実な現実から解放されて自由になった後継の世代はより高尚な行為に身を捧げる余裕ができた。そして芸術が生まれた。かつては生きるために草木の根やドングリを貪っていた人々が、今ではご馳走をふるまえるまでになったように、進歩を遂げたわれわれは女と交わるよりも大きな快感にひたることができるようになったのである。どちらを取るかはあなた次第だ。

皇帝を見習わない

性的快楽に溺れるということでは、わが帝国の皇帝たちほど酷い例はないと認めざるをえない。きわめて遺憾だが、彼らの恥ずべき行為を見れば、際限のない欲望のとりこになることがいかに愚かしいかがわかるだろう。ちっちゃな軍靴《カリグラ》〔ガイウス・カエサル帝のこと。在位三七～四一〕はピラリスという娼婦を侍らせていただけでなく、妹たちとの近親相姦に溺れていたことで知られる。だが、実際はそれだけではなく、貴族の婦人であってもこれと思った女は誰かれ構わず軒並み手をつけていた。まず貴族の婦人を夫とともに頻繁に宴会に招き、臥台に寝そべっている婦人たちをまるで奴隷を選ぶときのように間近で品定めする。好みの婦人が見つかると広間から出ていき、その婦人を自分の寝所に呼びつける。行為を終えると髪も着衣も乱れたまま二人して広間に戻り、その婦人がどんなふうに自分を喜ばせたか臆面もなく語って聞かせたという。

暴君として知られるネロ帝〔在位五四～六八〕も、好色の殿堂という不名誉なものがあるならば間違いなくその上位に名を連ねることになるだろう。自由民の少年を犯し、夫のある女と通じるだけでは飽き足らず、ルビリアというウェスタの処女を凌辱したこともあるという。さらには寵愛していたスポルスという少年を去勢して女扱いし、通常の婚姻と同じ儀式を経て妻に迎えた。ネロ帝の父親が同じように妻を娶っていれば世界がこのような辱めを受けることはなかったという冗談まで囁かれるほどだった。ネロ帝は帝国内を旅するときも皇妃の衣装を身につけたスポルスを一緒に臥輿《レクティカ》に乗せて同行させ、始終愛おしそうにキスしていたという。また、母親のアグリッピナと交わりたいという欲望も抱いていて、同じ臥輿に乗っている間に実際に行為に及んでいたことは、後に衣服に染みがついていたことからも明らかだといわれている。ネロ帝の奔放な性癖はとどまるところを知らず、淫らな遊戯を新たに考案して愉しんでいた。それは野獣の皮をまとって檻から飛び出し、木柱に縛りつけられた男女の性器に向かって突進するというものだった。伝え聞いたところでは、ネロ帝はあらゆる男は汚《けが》れた生き物だという確固たる信念を持っていて、どんなに高潔そうに見えても、その裏に淫らで不道徳な本性を隠していると考えていたという。それゆえ、罪を犯して糾弾された者が隠れた本性を告白すればどんな罪でも無罪放免にした。

もしも帝国主催の好色オリンピック競技会なるものがあったとしたら、王者の冠を戴くのは間違いなくティベリウス帝〔在位一四～三七〕だろう。ティベリウス帝は晩年カプリ島で隠遁生活を送ったが、そこには性欲を満たすために特別に設えた部屋があったという。部屋の壁には欲情をそそる絵画が描かれ、扇情的な彫像がいくつも飾られていた。室内にはたくさんの寝台があり、倒錯した性的嗜好を持つ選りすぐりの娘や少年を大勢侍らせて快楽に耽っていた。皇帝自身が萎えているときには、自分の見ている前で愛妾や寵童に三人での行為を強要することもあった。その大きな部屋には官能的な書物を集めた書庫まであり、書物に描かれた絵を見れば皇帝が何を望んでいるのかすぐにわかるようになっていた。

ティベリウス帝の悪趣味な淫行はますます度を越したものになっていった。幼い少年たちを小さな魚と呼んで水中で自分の股の間を泳がせ、彼らが舐めたり甘噛みしたりして自分を焦らすのを愉しんだ。乳呑み児が乳房を口に含むように幼子に自分の逸物をしゃぶらせていたという噂もある。さらには生贄を捧げる儀式で目をつけた少年への欲望を抑えきれなくなると寝所に呼び寄せ、その少年と笛の奏者だった弟を相手に淫らな行為に及んだこともあった。その後二人が皇帝の横暴に抗議すると、彼らの脚の骨を折ったという。

　こうした話にはもちろん誇張された部分もあるだろうが、慎み深い人柄であっても不貞行為に耽って快楽を得る皇帝は珍しくない。アウグストゥス帝〔在位前二七〜後一四〕もその一人だが、皇帝自身は人妻と関係を持つことによってその夫の本心を探ることができるという政治上の思惑があってのことだと公言していた。皇帝と親しい者たちが高貴な家柄の女たちの衣服を脱がせてみずから検分した上で皇帝に献上することもよくあった。アウグストゥス帝にとって結婚は**政治の道具**だった。若いころはプブリウス・セルウィリウス・イサウリクス〔帝政ローマ期に執政官を務めた人物〕の娘と婚約していたが、マルクス・アントニウス〔共和政ローマ期の軍人、政治家。オクタウィアヌス（後のアウグストゥス帝）、レピドゥスとともに第二回三頭政治を行った。エジプトに侵攻しクレオパトラと親密になったことで知られる〕との最初の対戦のあとで和解が成立すると、双方の陣営から婚姻によって両家の関係を深めるべきだという声があがった。そこでアントニウスの養女で、まだ結婚適齢期にはほど遠いクラウディアと結婚したのだが、義理の母親となったフルウィアと折り合いが悪く、結局、生娘だった妻に指一本触れないまま離縁した。その後すぐに、執政官の地位にある男二人との結婚経験があり、その一人との間に子供までいたスクリボニアと再婚した。だが、スクリボニアが皇帝の浮気癖を咎めると、怒りっぽく気性の激しい妻に愛想が尽きたと言ってあっさり離縁した。そして今度は、ティベリウスという夫の子を身ごもっていたリウィア・ドルシッラと結婚した。それからのちはリウィアが皇帝の愛情を一身に受けることになった。

こうして結婚や不貞を繰り返していたものの、アウグストゥス帝はローマ社会の風紀の向上に熱心に取り組んだ。性交渉を制限する法を定めて快楽に耽ることを禁じ、結婚している相手との姦通や、処女や由緒ある家の未亡人を貶める行為を犯した者は罰せられた。娘が男と密通した場合、父親は娘をその相手ともども処刑することができ、夫たちは不貞行為をはたらいた妻とは離婚することを強いられた。妻の不倫相手も流刑に処されることがあったが、その場合はもちろん妻とは別の島に流された。皮肉なことにアウグストゥス帝みずからも、奔放な男関係がローマ中に知れわたっていた娘のユリアを処罰せざるをえなくなり、ティレニア海のパンダテリア島〔現在のイタリアのヴェントテーネ〕へ流罪にした。また、アウグストゥス帝は正式な婚姻を促し、多くの嫡出子をもうけることを推奨した。子をなした父親には報奨を与え、とくに男子を三人以上もうけた場合はさまざまな面で優遇した。一方、適齢期になっても結婚しようとしない者は遺産相続や公営競技に参加する権利を剥奪された。

以上のことから学ぶべき教訓がある。**皇帝の言いつけには従わねばならないが、皇帝の行動を見習ってはならぬ。**

解説

ローマは家父長制の社会だったため、女性は年齢にかかわりなく男性の庇護下にあって男性に従うものとされていました。結婚は父親が主導してなかば双方の家同士が決めることでした（小プリニウス『書簡集』第一章第一四書簡）。カトゥルスは詩（第六二番）の中で少女の純潔の三分の一は父親、三分の一は母親のものであり、本人には残りの三分の一しか残されていないと詠んでいます。娘は父の言いつけにそむいてはならないと育てられるので、自分の希望よりも家の利益を優先させるのが当たり前でした。ローマ人の女性がだいたい何歳くらいで結婚していたかについては定かではありませんが、一六から一八歳で結婚したと刻まれている碑文がいくつか見つかっています。ただし碑文を残すにはそれなりに費用がかかったので、娘がある程度の年齢に達するまで養育する余裕のあった富裕層に限ったことだったかもしれません。法律では女性は一二歳になれば結婚できると定められていましたが、もっと幼いうちに結婚していた例もあります。いずれにせよ、この時代には出生証明書といった公式な記録がなかったので、年齢に対する考え方はあいまいだったと思われます。かなり年上の男性に嫁ぐことが多かったことを考えると、女性たちの苦痛は相当大きかったことでしょう。結婚したものの何をされるかと思うと怖くなり夫の家から逃げ出す新妻もいました。新婚初夜は肛門性交をするという習慣についてはセネカの『論争問題』（第一巻第二章第二二節）とマルティアリスの『エピグラム』（第一一巻第七八章）にいかにも事情通らしい記述があります。

ローマの人々は愛情からではなく損得勘定で結婚を決めていたようです。占いの手引書である『アストラムプシュクスのお告げ（Oracles of Astrampsychus）』に「わたしは結婚するでしょうか。その結婚生活は有意義なものになるでしょうか」という問いがありますが、用意されている一〇の答えのうち、結婚したい相手と結ばれるという答えは一つしかありません。ほかの答えでは、たいていの結婚生活は不幸なもので、後悔する人が多く、離婚率も高いとされています。このお告げは個人的な悩みに言及しているようでいて、当時の人々が結婚というものをどう捉えていたかを反映しているのかもしれません。だからといってローマ人が愛情によって結婚することがなかったわけでも、結婚した夫婦の間に深い絆が生まれることがなかったわけでもありません。それでも当時の結婚は義務であり負担であったことは明らかです。この点については、ゲッリウスの『アッティカの夜』（第一巻第六章）とムソニウス・ルフスの『対話』（一三b）で論じられています。

ローマ人の性に対する姿勢についてはオウィディウスが多くの記述を残していますが、一般市民の性生活をどれだけ反映していたかは判然としません。女は乱暴にされるのを好むという見方は『恋愛指南』（第一巻第六六三・六八〇）に書かれています。オウィディウスは『女の化粧論』でさまざまな美容法を紹介しています。また、オウィディウスの『愛の歌』（第三巻）やペトロニウスの『サテュリコン』（第一三八巻）に勃起不全の治療法が書かれているほか、『ギリシャ語魔術文書』（第七巻第一八四・一八五章）には現代のバイアグラに相当する秘薬の調合方法が記されています。オウィディウスは『愛の治療』の中で恋愛をやめる方法も指南しています。官能的な内容の書物の助けを借りて自慰行為をしたり性的刺激を得たりしていたという記述はいろいろなところ（たとえばマルティアリスの『エピグラム』第一二巻第九五章や第一二巻第四三章など）にみられるのですが、残念ながらそうした書物そのものは現存していません。ギリシャ人医師のソラヌスの著作には〝キャリーオン〟（イギリスのコメディ映画シリーズ）に登場する医師のような語り口で女性の本質や避妊、さらに妊娠や出産にまつわることについて書かれているものが多くあります。姦通罪を犯した者を処罰するのにラディッシュを使ったという話はホラティウスの『風刺詩』（第一巻第二章）とカトゥルスの詩（第一五番）にあります。

ローマの男性は娼婦と交わることをとても気楽に捉えていて、コリントのアプロディテ神殿のように神殿が売春宿の代わりになることもありました（ストラボン『地理誌』第八巻第六章第二〇節）。女性の衣服をまとい、女性らしい姿になる男性の話は占星術師のフィルミクス・マテルヌスの八巻からなる『マテシス』（第三巻第五章第二三節と第三巻第六章第一五節）とセネカの『道徳書簡集』（第一二二巻第七書簡）に書かれています。ルキアノスは『二種の愛（The Two Kinds of Love）』で女性と交わることと少年と交わることのそれぞれの利点と欠点を論じています。ローマの人々はともに愉しめる相手であれば男女は問わなかったようです。スエトニウスの『ローマ皇帝伝』には皇帝たちの性生活の醜聞が多く見られますが、少なからず誇張されていると考えられるので、鵜呑みにしないほうがよいでしょう。実際、ほとんどのローマ市民は皇帝たちのように奔放な性生活を送っていたわけではありません。アウグストゥス帝は市民に節度ある振る舞いを義務づけましたが、広く受け入れられていたとは考えられません。残念なことにオウィディウスは情事や姦通を扱った詩がアウグストゥスの道徳政策に反するとして弾劾の格好の餌食になってしまいました（オウィディウスはウェスタの処女と関係を持っていたともいわれています）。その結果、大都市ローマを代表する知識人であったにもかかわらず、アウグストゥス帝がもっとも死に近いと考えていた黒海のトミス〔現在のルーマニアのコンスタンツァ〕に流され、その地で生涯を閉じることになりました。

第3の習慣

円満な家庭を築く

良い妻とはどんな妻か？　子供はどう育てたらよいのか？　これらは円満な家庭を築いて幸せに暮らすためには避けて通れない問題である。妻が自分に隠れて複数の男と情を通じていたり、子供があからさまに反抗的な態度をとったりするようでは、とても幸福とはいえまい？この章では一家の秩序をきちんと保ちながら運営する方法を伝授する。

わが妻に学ぶ

まずわたしの妻がいかに優れた女であるかということを話しておこう。結婚してもう二〇年以上になるが、われわれのように長い間幸せな結婚生活を維持している夫婦はきわめて珍しい。わたしはこの結婚生活を通して良い妻とはかくあるべしということを学んだ。わが妻はなんといっても**分別**があり**慎ましい**。わたしを慕う気持ちが表情に溢れ出ていて、**貞淑**であることは誰の目にも明らかである。わたしの著作を読みたい一心で読み書きを覚え、何度も読むうちにそらで言えるようになった作品もあるほどだ。われわれふたりの絆は日増しに深まっている。わたしが何か新しいことを始めると妻は心からそのことを気にかけ、無事に終えたときには誰よりも喜ぶ。わたしが元老院で弁論を披露するときは使いの者をよこし、聴衆の反応を報告させている。わたしが自分の作品の朗読会を催すときは、幕の裏に隠れてすぐそばに坐り、わたしに向けられる賞賛を聞き漏らすまいと耳を澄ましている。こうした行動の源にあるのはわたしへの愛だ。わたしも歳を重ねるにつれて若々しさを失い容姿が衰えつつあるが、妻が愛しているのはそんなうわっつらではない。妻はわたしの栄光を愛している。それもこれも生まれたときから善意に満ちた道徳的な環境で妻を育ててきた彼女の父の教育の賜物だろう。

家内を切り盛りする器量においてもわたしの妻を凌ぐ者はないであろう。妻は**忠実**で**従順**で**人当たりがよく聡明**な上、**羊毛織りを怠らない働き者**だ。**信仰心は厚い**が迷信にたぶらかされることはない。服装は慎ましく化粧もほとんどしない。家族のために尽くし、わたしの母を自分の母親と同じように大切にしている。大勢の友人や愛する人々にもそうした**奉仕の精神**で接する。妻に匹敵する女はせいぜい妻の姉妹くらいだろう。妻は親族の若い娘たちを引き取って育て、その娘たちが嫁ぐときには家名に恥じないだけの持参金を持たせられるように用意までしていた。妻の親類の持参金をわたしが用立ててやったと自慢しているのではない。あくまでも妻の考えでしたことだ。

結婚してから数年間わたしたち夫婦には子供ができず、妻はわたしに跡取りができないことをひどく悲しんでいた。子を宿せないことに絶望した妻は、自分は家を出るから代わりに子供を産める女性を迎えてほしいと離婚を申し出たばかりか、わたしの妻となるのにふさわしい最適な相手を探すとまでいった。そのうえ持参金も放棄し、姉か義理の母のように新しい妻の面倒をみたい、生まれてくる子供たちを自分の子供のように世話したいと言った。これ以上この婚姻関係を続けるのは不可能かと思われたとき、ありがたいことに妻がようやく妊娠し、わたしは苦渋の決断を免れたのだった。

わたしの妻は手本とするには完璧すぎて誰もが真似できるわけではない。だが、この本を読んでいるあなたにも幸せに暮らすためにできることがある。わたしがこれまでの結婚生活で得た知見のなかから、覚えておくべきことを挙げておく。

◎新婚当初の焦がれるような愛情の炎がずっと燃え続けることはありえない。情熱から生まれた関係を維持するには、もっと長持ちする燃料をくべる必要がある。

◎妻を迎えるときは、どうしてその女と結婚するのかきちんと理解しておくことが大切である。妻となる女に求めたことは何であったか。**子供を産むことは望んでいたが、夫に構わなくなることは望んでいなかったはずだ。**

◎月は太陽から離れていると反射して輝くが、太陽に近づくと見えなくなってしまう。献身的な妻はその逆であるべきだ。人前に出ることが許されるのは夫に付き従って外出するときだけであり、夫が事業などで留守の間は家から出てはならない。

◎鏡に宝石をちりばめたところで、本来の姿を映せないのであれば何の役にも立たない。それと同じで、どんなに着飾っていても夫の流儀に合わせられない妻は失格である。自分の感情は捨て、いつでも夫と同じ気持ちでいることを心がけねばならない。夫が上機嫌なときは夫の冗談を笑って受け止め、夫がふさいでいるときは一緒に悲しむのが妻としてあるべき姿である。

◎妻は自分の友人と親しくするのではなく、夫の知人と友好な関係を築かねばならない。また、夫に内緒で神々を崇拝してはいけない。余計な迷信に惑わされることなく、夫が信奉する神だけを敬うべきである。

◎幸せな結婚生活を送っている夫婦の会話には「わたしの」や「あなたの」ということばが出てくることはない。いいことも悪いこともすべて分かち合うのが夫婦であり、そうすることでより絆が深まるものなのだ。このことは自然の摂理からいっても正論である。子供のこの部分は夫のもので、別の部分は妻のものであるなどと分けることはできないのだから。それゆえ妻は自分の財産をすべて夫に預けることだ。水で薄めたワインを――たとえほとんど水であっても――〈ワイン〉と呼ぶように、婚姻によって妻が持ち込んだものであっても、家も財産も夫に管理を任せるべきである。

◎貞淑で美人で裕福な家に生まれた妻と離婚したことで非難されたローマ人がいた。彼は靴を脱いでこう反論した。「この靴はとても上等だが、どこがきついのかは履いた人にしかわからない」。それと同じで、多額の持参金を携えて嫁いできたからといって夫を幸せにできるわけではない。むしろ大事なのは、明るくて愛想がよく一緒にいて心が休まる人柄である。

外からは見えない日々の小さなすれ違いがやがて仲違いの原因となり、夫婦の関係に亀裂を生じさせるのだ。

◎妻は夫を意のままにしようとしてはならない。妻を支配するのは夫の役割である。ただし、それは主人と奴隷のような関係ではなく、心が身体をつかさどるような思いやりと善意に満ちた支配である。

◎ギリシャ軍の指揮官は兵士たちに、敵が雄叫びをあげながら攻めてきたときには黙ってむかえ撃ち、ひそかに近づいてきたときには勇ましく大声をあげて攻めるように命じた。同じように、わきまえのある妻は夫が苛立っているときは何も言わず、夫がふさぎ込んでいるときは精一杯励ますものである。

◎蜂が蜜を集めるように、妻は身の回りにある手がかりを集めて夫の趣味嗜好を学ぶことが大切である。夫が贅沢なものを家の中に一切置かない人ならば、妻も自分の居場所を金杯や絵画や飾りのついた履物といった派手な装飾品で埋め尽くしてはならない。「わたしを教え導いてくださるのは旦那様です」と言われて喜ばない夫はいない。夫が幾何学を説くなら、妻は踊りに興じるなどの馬鹿げた真似を恥じねばならぬ。夫が哲学を語るなら、妻は魔女は空の上で月を描けるといった迷信を信じる人を笑うべきである。夫が天文学を教えるなら、妻は日食が起こるたびに怯えなくなるものである。

夫の情事には気づかぬふりをする

妻が守るべき絶対の決まりが一つだけあるとするならば、それは従順であることである。アルテミドロスの夢占いではこう言われている。「夫が妻と交わる夢を見るとき、妻が夫と一つになることを嫌がらず、喜んで素直に受け入れるならば、何事においてもその姿勢が保たれる」。妻は夫を主人と思って仕えなければならぬ。ただし、言うまでもないが夫は妻を**奴隷よりも丁重に扱う**べきである。

夫にとって美徳を備えた妻を失うことほど悲惨なことはない。最近、友人のマクリヌスが妻を亡くし、これ以上ないほど悲しみに打ちひしがれていた。三九年もの長い間、仲違いすることもなく連れ添ってきたのだから無理もあるまい。彼の妻は若いころからよくできた女で、どこまでも徹して**夫を立て**、女が備えうる限りの美点を身につけていた。そういう妻と長きにわたって結婚生活を送れたことが哀れなマクリヌスにとっての唯一の慰めであろう。彼の妻は心が広く忍耐強かった。夫が若い女奴隷と情事に耽っていたときも**気づかないふり**を通した。養われている身でありながら夫を非難することや、自分に堪《こら》え性が欠けているだけなのに尊敬すべき夫に怒りの矛先を向けるのは間違っていると考えていたのだ。相手の女奴隷にも恨み言一つ言わず、それどころかその女奴隷を解放して、かつて所有していた解放奴隷に嫁がせたほどだった。

妊娠について正しい知識を持つ

妻の使命は夫に息子をもたらすことである。そのためにはどうすれば妊娠しやすくなるのか知っておかねばならない。畑に作物の種を蒔くのに適した時期があるように、夫との交わりで蒔かれた種がいつも実を結ぶとは限らない。**月経が終わりかけるころや性欲にかられたときに**行為に及べば、しかるべき結果につながる確率が高い。逆に空腹のときや暴飲暴食をして満腹のときは妊娠しづらいので、腹が空いているときは先に**軽く食事をとる**とよい。

いよいよ妊娠したとしても流産の危険がつきまとう。わたしの妻も結婚して最初に授かった子を流産した。当時まだ若かった妻は妊娠していることすら自覚しておらず、そのために妊婦として用心すべきことを怠ってしまったのだ。さて、流産することなく無事に出産が目前に迫ったら、腕のいい助産婦を見つけておかねばならない。知識も経験も豊富で、危険な状態になっても動じることなく落ち着いて対処でき、きちんと根拠のある手順を用いる助産婦がよい。いつ呼び出されてもいいように酒は飲まず、いろいろな秘密を知りえる立場なので口が堅くなければならない。迷信に惑わされ、予言や俗説を信じて間違った処置をするような助産婦は絶対にあてにしてはならない。

出産にまつわる馬鹿げた話を紹介しよう。先日たまたま見つけた本に、月に住む人間がどんなふうに妊娠するかを描いた奇妙な話があった。その本によれば、月では子供は女ではなく男から生まれるという。そもそも結婚も男同士でするもので、〈女〉という概念そのものがないらしい。どの男も二五歳までは妻と呼ばれ、その後は夫になる。男には子宮がないので胎児はふくらはぎで育つ。妊娠するとふくらはぎが膨らみ、時期がきたら切開して赤子を取り出すのだが、その時点で赤子はみな死んでいる。息をしていない赤子の口を開けさせ、風を吹き込むと命が宿るという。新たな生命を誕生させる方法はほかにもある。月には樹木人《デンドロン》と呼ばれる男がいるのだが、その誕生の仕方はこうだ。まず右側の睾丸を切り取って地面に埋める。するとペニスに似た形の巨大な肉体の木が育つ。その木には枝と葉があり、メロンほどの大きさの実がなる。熟した実を収穫すると中から人間が出てくる。その本にはこんなことも書いてあった。月の人間は象牙で――貧乏な者は木材で――作ったペニスを体につけていて、それを使って性交渉をするのだそうだ。馬鹿馬鹿しいにもほどがあるが、信じたいなら好きにするがいい！

子供は三、四人もうける

どうしても子供が欲しいなら出産以外にも方法はある。妻が妊娠にいたる前のことだが、わたしはある女が産んだ子供を買ったことがある。売り主の女は子供を産んだものの、食べさせていけるだけの余裕がなかったため、わたしに娘を売ることにしたのだった。赤ん坊が健康であることを確認し、養育にかかった費用を弁済しない限り、将来も母親としての一切の権利を放棄するという誓約書に署名させた上で、わたしはその娘を譲り受けた。後になって妻が妊娠し、その子は用済みになったので、わたしはその娘を女奴隷に託して実の子として育てさせた。結局、八歳か九歳のときに熱病で亡くなったが、幸い妻はその子に愛着を抱いていなかったので、死んだときに取り乱さずにすんだ。

当然ながら、妻が産んだ子供を全員育てられないこともある。生まれた子供は、生後八～九日後に父親が名前を授け、ファミリアの一員として認めてはじめて一人の人間になる。それより前であれば、生かすも殺すも父親次第だ。子供の養育にはそれなりに費用がかかるので、一家全員を賄えるように調整するのが家長の務めである。運命のいたずらで一人か二人は命を奪われてしまうこともありえるので、**子供は三、四人**いるのが理想だ。大人になるまで生き延びた子供は、年老いたあなたの世話をし、家名を継ぐことになる。必要以上に子供が生まれた場合には、妻に命じて街はずれの**ごみ捨て場**か**路上**に遺棄させる。その判断は生まれた子が男か女かによって変わることもある。男子が一人ふたり多い分には構わないが、女はいずれ嫁に出すときに持参金を持たせねばならないため高くつく。わたしも以前、子供を捨てるという心の痛む役目を妻に命じたことがある。健康な女の子だったが、星の巡り合わせが悪いときに生まれてきたからだ。すでに娘が二人いたこともあり、家に不幸を呼び込むかもしれない子をわざわざ育てる必要はなかった。そこで気は進まなかったが妻に捨ててくるよう言いつけた。妻はわたしを翻意させようと何度も懇願したが、わたしの決意は固かった。こういうことについては妻よりもわたしのほうがよくわかっているし、すでに決めたことだ。妻はその子を泣く泣く路上に置いてきたが、そのときに危険から守ってくれるようにとお守り代わりの首飾りをかけてやった。それを身につけていれば、もし将来どこかでめぐり会えたときに娘だとわかると思ったのだ。そのくらい許してやっても害はあるまい。望まれずに生まれてきた赤ん坊が邪魔だからといって、その辺の井戸に投げ捨ててしまう母親がいくらでもいるのだから。

遺棄された赤ん坊のなかから健康そうな子を奴隷商人が拾って乳母に育てさせ、五歳くらいになったら奴隷として売ることは珍しくない。子供を亡くした人が捨てられた赤ん坊を拾って亡くなった子の代わりにすることもあるし、子宝に恵まれない夫婦が捨て子を拾って育てることもあるだろう。とはいえ、遺棄された赤ん坊がみな助かるわけではない。たいていは凍え死ぬか、野良犬の餌食になるのがおちである。

貧しい庶民は子だくさんだと養いきれない。その場合は、子供を**奴隷**として売ればよい。時折、盗賊団に引き取られた子供が道端で物乞いしているのを見かけることがある。手足を折られたり舌を切られたりしているのは、哀れを誘ってできるだけ施しを受けるためだ。わたしの妻は物乞いの子供を見て物思いに沈むことがある。あのとき捨てた子がもし生きていたら今ごろはこのくらいの年齢になっていると考えてしまうのだ。そんなときは、赤ん坊を捨てたときにかけてやった首飾りのことを持ちだして、もしわが子なら首飾りをしているからわかるはずだと言い聞かせることにしている。

庶民が子供の人数を減らす手段としては、遠縁の親族に**養子**に出すことも考えられる。家計が苦しいのは一時的なことにすぎず、どの子供も手放したくないのであれば、**食事の量**を調節すればよい。大事な稼ぎ手である男にはしっかり食べさせ体力をつけさせねばならないが、女や子供は食べる量を減らしても差し支えない。場合によっては、普段は家畜の餌にするドングリやソラマメを食べさせてもいいだろう。また、子供を働きに出せば多少なりとも家計の助けになり、養育費がかかるだけのお荷物ではなくなる。男子なら七、八歳になれば職人に弟子入りできる。雀の涙ほどではあるが給金がもらえるし、教わった技術がいずれ役に立つ。女子でも宝飾職人を手伝ったり、洗濯屋で洗い物をしたり、古布のつぎはぎをする仕事などを見つけることができるだろう。

男子の教育は早期から

さて、裕福な家では、手元に残して育てると決めた子供については父親が責任をもってきちんと教育しなければならない。母親任せにしてしまうと、子供がつらい思いをしたり、泣いたり、苦労したりするのが不憫だからと外に出そうとせず、ひたすら甘やかしかねない。だが、父親の愛は形が違う。朝は早く起床させて勉学に励ませ、休日でもだらだらと過ごすことを許さない。どんなときも子供に**汗と涙を流させる覚悟**をもつことが父としての親心である。

もちろん四六時中つききりで見守るわけにはいかないので、乳母に託して自分の代わりにしっかり教育してもらうことになる。子供は乳母が語りかけることばを耳で覚え、そのことばを真似ることによって話すことを覚えるので、きちんとした話し方のできる乳母を選ばねばならない。また子供は感受性が豊かなので、乳母の人柄も大切である。新しい甕《かめ》にすぐに強い香りが移ってしまうように、子供は幼いころに世話をしてくれた人の影響を受けやすい。はじめに間違った発音やおかしな習慣を身につけてしまうと後々厄介なことになりかねない。

子供にはできるだけ早いうちから十分な教育を授けることが望ましい。いつ何をどのように教えるかということについて明確な基準を示すのは難しいが、学ぶことに嫌気がさし、本来のやる気を削ぐことのないように気をつけながら進めるとよい。自由は精神力を育むが、抑えつけると萎縮する。ただし、何でも許してしまうと傲慢で堪え性のない子供になってしまうので、極端にどちらかに偏ることなく、適度なバランスを保つようにしなければならない。飴と鞭をうまく使って、子供が道を踏み外さないように導くことだ。奴隷のようにぞんざいに扱って服従させてはいけない。また、褒美を与えるのは良いことをしたときにだけにし、泣いてぐずれば褒美がもらえると思わせてはならない。

より幼いほうが学んだことをすぐに吸収できるので、男子の場合は**早く教育を始める**ほうがよい。幼いうちに良い習慣を身につけさせるほうが、成長してから悪い習慣を無理やりやめさせるより簡単だ。できないことを恥ずかしいと思わない子供や、褒められたいという意欲がない子供のやる気を引き出すのは難しい。その場合は恐怖心を利用して、怠けると怖いことが待っていると覚えさせ、正しい道に導くよりほか仕方ない。

教育とは、何よりもまず真実を語り**嘘をつかない**ことの大切さを教えることである。子供が嘘をついたときは厳しく叱り、場合によっては手をあげてでもわからせるくらいでなければならない。真実を語ることはもっとも崇高な行為であり、嘘をつくことはいちばん卑しい過ちである。嘘つきが繁栄することはありえない。また、子供は両親や教師やまわりの教養ある人々を敬うべきである。**尊敬**の気持ちを持たない者が成功できるはずがない。若いうちは人に仕えることを学ばねばならない。とくに人に指図されることのない裕福な家の子供には**奉仕の精神**を教えなければいけない。教師に打たれても男子なら泣き叫んだり許しを乞うたりしてはいけない。軟弱で臆病な姿をさらすのは奴隷のすることだ。金に**執着**するのもよくない。金は毒蛇のようなもので、ひとたび毒が体内に入ったらその害は計り知れない。遊ぶ時間を与えることも大事だが、その目的はあくまでも心身を休め、勉学に取り組む活力を得ることである。また、子供が汚いことばや無知な振る舞いにさらされないように平民とは接触させないようにすべきである。

正しい生活習慣を身につけさせる

男子は食事の時間に一目散に食堂に駆けこんだり、物欲しそうに食べ物を見つめたりしてはならない。食べることに執着しないことを教えるべきである。食い意地が張っている息子には、がっつきは豚と同じだと説いて聞かせることだ。食事中も何でも好き放題食べさせてはならない。自分を律し、少しの量をゆっくり食べることを覚えさせるべきだ。ほかにも、口いっぱいに頬張ってはいけない、手や口やナプキンを汚してはいけない、指を舐めてはいけない、いちばん最後まで食べていてはいけないといった**行儀作法**も教える。また、人が食べる様子をじっと見ていてはいけないことも教える。相手が客人の場合はなおさらである。ときにはわずかなパンだけを与えて質素な食事に慣れさせ、**我慢**を覚えさせる。自分を律することができれば、後々の人生で必ず役に立つ。とくに将来もし貧乏になってしまったら、我慢を知らなければ生きていけない。心身ともに学習に集中できるように朝食は控えめにし、満腹になるまで食べることを許すのは夕食だけにすべきである。

食事は学習を終えて疲れているときに取らせるようにする。肉は脳の働きを鈍らせるだけでなく、肥満のもとであり健全な発育を阻害するおそれがあるので食べさせすぎないように注意する。菓子や果物もたくさん与えてはいけない。さもないと、食べる愉しみや贅沢を覚えてしまう。水分を取ると食べ物が膨らんで胃が重くなるので、飲み物は食事中ではなく食後に与える。ワインは心身に悪影響を及すので成人になるまで飲ませてはならない。大人でさえワインを飲むと人が変わったように浅はかで無礼で無鉄砲で怒りっぽくなることがある。そんなものを子供が飲んだら精神が破壊されてしまうだろう。

睡眠時間は必要なだけとし、心地よいからといって好きなだけ寝かせてはならない。睡眠を取りすぎると体力が低下し、精神も堕落する。**日の出とともに起床**し、**すぐに便所へ行く**ように教えるべきである。寝起きに排泄して体内に溜まった不純物を出すと精神が研ぎ澄まされ、活力が湧くので、何より健康によい。病気でない限り、日中に眠ることを許してはいけない。柔らかすぎる寝台で寝ていると腰抜けになる。体を鍛え、心を逞しく育てるためにも、**寝台は硬いほうがよい。**

冬の寒さや夏の暑さにはある程度耐えさせたほうがよい。さもないと軟弱で打たれ弱い子供になってしまう。歩く、走る、乗馬するなど、たくさん運動させることも大切だ。甘やかすのは本人のためにならない。肌触りのよい上等な服を着ていると、女のように着飾ることに興味を持ち、高級な服を買うために金に執着するようになってしまう。外出するときは必ず外套を着るようにさせる。急ぎ足で歩いていると何かに追われていて注意力が散漫だという印象を人に与えてしまうので、落ち着いて歩くようにさせる。髪を伸ばしたり、指輪などの装飾品を身につけたりするのは女のすることであり、男がすべきではない。相手が持っていないものを見せびらかすのもいけない。年長者を敬い、目上の人が部屋に入ってきたら立って迎えることを教えるべきである。

息子には性交渉がいかに危険な行為であるかを教える。性交渉に必要な知識を身につけるのは結婚してからでよい。そうしておけば己を律する術を学ぶこともできるし、汚名を背負わずにすむ。**禁欲**に徹すれば肉体が逞しくなり、精神も強靭になる。

図々しい人や攻撃的な態度をとる人と親しくさせてはいけない。汚いことばで相手を罵ることも許してはならない。友人とは仲良くし、気さくに話し合うことが大切である。また、相手から一方的に助けてもらうだけで、自分は相手のために何もしないのは恥ずべきことだと教えるべきである。

読み書きについで、文学を学ばせる

勉学においては**競争心**を育み、試験では誰にも負けないと胸を張って言えるように導く。一番になる喜びを教えつつ、**競争相手を傷つけてはいけない**ことをうまくわからせねばならない。そして一番になったらきちんと褒める。いつも頑張りを認めてやることが大切だ。ただし自分の能力を過信しかねないので褒めすぎないことだ。実際、甘やかされて過保護に育った子供は批判されることや失敗することに慣れていないので打たれ弱い。何をしても許され、心配性の母親がつきっきりで涙を拭いてやっていたのでは、そうなるのも無理はない。

読み書きは**七歳**になってから教えるべきだと言う人がいる。それより前だと集中力が続かず、学習の重圧に耐えられないというのだ。だが息子の頭をただ休ませておくのはもったいない。勉強しないでほかに何をするというのか。だらだらと時間を無駄に過ごすだけだ。そんな生活に慣れてしまったらどうなる？　幼少期はなんでもどんどん吸収できるのだから、早くから教育を始めて記憶力を活性化させるほうがよい。とはいえ最初から本格的に勉強させよといっているわけではない。まずは学ぶことを愉しみ、好きになるように、勉学に向かう姿勢を育てることが大切である。仲間と愉しく切磋琢磨しながら学習に取り組めるようにしてやるとよい。

息子が読み書きを覚えたら、教師に託して**文学**を学ばせる。文学の授業では弁論術と、ホメロスやウェルギリウスなどの優れた詩を学び、演説の仕方や詩の解釈、詩作の手法などあらゆる技能を身につける。もっとも詩だけでは不十分なので、さまざまな著述家の作品を丹念に読み込み、題材だけでなく、文体についての見識も深める。また、**音楽**からは韻律や調子を、**天文学**では宇宙の仕組みを、**哲学**では自然の営みについて学ぶ。こうした論題について議論するときは多様なことばを用いて流暢に話すことを求められる。文学と雄弁術は表裏一体なのである。書物は一人の時間に安らぎを与えてくれるので、文学に親しんでおくことは歳をとってからの愉しみにもなる。

娘の教育は将来の夫のために行う

娘の教育は母親に任せ、**羊毛織り**、**裁縫**、**家内奴隷の扱い方**を学ばせる。とくに厨房で働く奴隷を管理する方法はしっかり覚えさせねばならない。文字が読めると一緒に食事をしながら文学の話に花を咲かせることができるが、女子の場合は文学よりも音楽に親しむほうがいい。貧しい家の娘は食材の下ごしらえや調理などもっと実用的な技能を身につけるべきである。数の数え方や足し算引き算、端数の計算ができるとさらによい。いずれにしても、女子が教養を身につける目的はただ一つ。**将来の夫を魅了する**ためである。

家族全員に気を配る

継母と子供との関係には注意が必要である。離婚や死別によって妻を失い、再婚した場合、新たに迎えた妻が前妻の子供につらくあたらないように目を光らせておかねばならない。継母と子供の性格が合わないこともあるし、継母が意図的に意地悪をすることもある。他の女が産んだ子供より自分が腹を痛めた子供を可愛がるのは当然である。前妻の子供の取り分を減らして、自分の子供にだけたくさん食べさせることもあるかもしれない。気づいたら、一方の子供はふくよかで溌剌としているのに、もう一方の子供は痩せこけて傷だらけなどという事態になりかねない。

家長の役目は自分の家内のことだけに留まらず、**成人している兄弟**の面倒もみなければならない。わたしも父が亡くなったあと、弟が同居している母をぞんざいに扱っていると聞いて、手紙を送ってたしなめたことがある。「母上を敬うように。われらを産んでくれた人であり、母上ほど高潔な女性はいない。敬意をもってお世話しなければならぬ。もしまた母上につらくあたるようなことがあれば、わたしが出向いていって、そなたを罰するのでよくよく心しておくように」

おお、わが母。あなたは女神だ！　つい先日ウェスタの処女のひとりを訪れたときに風邪をひき、床に臥していると聞いたときはどれほどその身を案じたことか。母はこのところ痩せてきて、気力以外はすべてが悪い方向へ向かっているように思えてならない。敬愛する母がこの世を去ろうとしていると考えるだけで胸が張り裂けそうだ。あれほど卓越した女性は二度と現れないだろう。母は父に付き従って二度の流罪に同行し、一度は父をかばったかどで市外へ追放された。そうして暴虐に耐え抜いてローマに戻ってからは、持ち前の愛想のよさと社交性で周囲との交流を深め、ありがたいことに強さを取り戻していった。親切な人柄で誰からも尊敬され、いつも妻たちの手本であり続けた。勇敢で気丈な母からはわれわれ男も学ぶことが多い。

女の贅沢を許さない

残念ながら近ごろの女たちときたらまったく手に負えない。もっとわが母を見習ってほしいものだ。女がこんなに強くなったのはカティリナの陰謀に加担したセンプロニアの影響ではないかとも言われている。センプロニアは美貌にも優しい夫にも恵まれていた。聡明で機知に富んだ魅力的な女で、ギリシャ語やラテン語の文学に親しみ、詩を詠むことができ、竪琴の名手でもあった。踊りも得意で、そのせいもあって貞淑な女とは言いがたく、欲情を抑えきれずに言い寄られる前に自分から男に近づいていくほどだった。カティリナと懇ろになり、共和政打倒を掲げた彼の陰謀に加わると、男も顔負けの勇猛果敢な活躍ぶりを見せた。陰謀に加担する前から、借金を踏み倒して返済の約束を反故《ほご》にすることばかり考えていて、殺人に手を貸したことすらあったという。

だが、女たちが堕落する兆候はもっと以前からあったとわたしは考えている。発端はオッピウス法が撤廃されたことだ。知っての通り、この法はカンナエの戦いでローマがカルタゴに大敗を喫したあとにできた。たった一日で五〇〇〇〇人もの死者を出した歴史的な敗戦を受けて、何か手を打たなければという状況のなかで生まれたのがオッピウス法であった。この法では、女が二四分の一リーブラ〔約一四グラム〕を超える金を所有することや色彩に富んだ衣服をまとうこと、ローマ市内で馬車に乗ることなどが禁じられていた。こうした政策のおかげでローマの倫理規範が強固になり、やがてカルタゴを滅ぼすことができたのだ。

ところが、平和な時代になるとすぐにこの法の撤廃を求める声があがった。女たちは夫をせっつくばかりか、市中で行進したり、フォルム〔古代ローマ都市の公共広場。政治、宗教、商業、市民生活の中心地〕に結集したりして法を廃止するように男たちに詰め寄った。女の分際で付き添いもつけずに公の場に出てきて路上を占拠し、他の女の夫と話をする日がくるなど誰が想像したであろう？　われわれの祖先は女がそのような行動に出ることを許しはしなかった。女は男の支配の陰にじっと隠れているものだった。それなのに女たちはその束縛から逃れようとしたのだ。「金色や紫色の衣服を着たい」と女たちは訴えた。「いつでも馬車に乗りたい！」。浪費や贅沢を制限するなというのが彼女たちの主張だった。もし当時の夫たちが威厳をもってこの要求を断固拒否していたら、われわれが女の扱いにこれほど苦労することもなかっただろう。だが、家の中で夫が妻をきちんと管理できていなかったせいで、男たちは女の要求に屈し、社会全体の自由まで踏みにじられてしまった。それからというもの女たちは好き放題に浪費していいと思うようになった。支出の上限を定めていた法が撤廃された以上、家庭にあっても夫には妻の浪費を制限できるほどの力はないことがわかっていたのだ。そのときから、女は自分たちが男と対等だと思うようになった。それどころか自分たちのほうが男よりも上だと言いだす日もそう遠くはないに違いない。

われわれを死に至らしめるのは戦争ではなく贅沢である。大帝国となったローマはわれわれに富をもたらしたが、その分あらゆる美徳が失われていった。富と悪習とが手を取り合って流れ込み、われわれをすっかり腑抜けにしてしまったのだ。今では女どもは夫がちょっとでも間違ったことを言おうものなら公衆の面前だろうと食卓のそばで寝そべっているときだろうと咎めることを厭《いと》わない。ローマ人はあらゆる民族に君臨できるが、そのローマ人を支配しているのは今や女なのである。かつて低い地位に甘んじていたころの女たちは慎み深かった。逞しい手をした働き者で心根は素直だった。だが今ではわれわれは**平和という病**に侵されている。医師をしている友人が最近こんなことを言っていた。以前は髪が抜けたり足の痛みを訴える女などいなかったが、最近は帝国の外からつけ毛を買い求めたり、痛風を患ったりする女が増えている。ずっと昔に男が贅沢を覚えて骨抜きにされたのと同じように、今では女もすっかり贅沢のとりこになってしまった。女が遅くまで飲み続けることも珍しくなく、その酒豪ぶりは同席している男たちを凌ぐほどである。レスリングの試合では男に挑み、食べすぎて膨れた腹を空にするために嘔吐する。消化不良を和らげるべくいつでも氷をかじっている。本来は求められることに喜びを感じるように創られているはずなのに、男と同じように欲望をあらわにする。これまでにない淫らな行為をするようになり、男と交わるときにも主導しようとする。今や男より女のほうがよっぽどたちが悪いのだから、禿げたり痛風になったりしてももはや何の不思議もあるまい！　女の欲望はとどまるところを知らず、最近では女の剣闘士や戦車競走の御者、俳優がいるばかりか、街中で筋骨隆々のラバ追いを目にすることもある。男とみれば家に招き入れ、まるで娼婦のような暮らしをしている者もいる。装いや歩く姿、誰かれ構わず色目を使うこと、饗宴の席で人目も憚らずにキスしたり抱きあったりすること、何を取っても淫らな心のうちが手に取るようにわかる。以前、元老院議員の妻でありながら、こともあろうに剣闘士とエジプト属州へ駆け落ちした、エッピアという女がいた。ローマでも一、二を争うほどの裕福な家で生まれ育ったにもかかわらず、家も、泣いてすがる子供も捨て、寵愛していた俳優のパリスまで捨てて逃避行に走ったのだ！　アドリア海の荒波とイオニア海のうねりに阻まれる船旅の危険を顧みることもなく、ただ愛人と逃げおおせることしか考えていなかった。何が彼女をそこまで駆り立てたのか？　剣闘士の何が彼女の胸に火をつけ、心をつかんだのか？　なにゆえ剣闘士の情婦に成り下がってても構わないとまで思いつめたのか？　彼女をとりこにしたのは男の腕に残る生々しい傷跡か、兜がこすれてできた顔の傷か？　鼻にできた毛の生えたイボか、はたまた目から垂れている臭い目やにか？　そうではない。彼女にとってはその男が剣闘士であるというだけで十分だったのだ。それだけでその男がヒュアキントス〔ギリシャ神話で太陽神アポロンが愛した美少年〕よりも美しく見え、夫や姉妹や子供たちを捨てることも構わないとまで思わせたのだ。彼女はその男の武器——何のことを言っているかわかると思うが——に心底惚れてしまったのである。

わが一族にもこういう強気な態度をとる女がいた。先日アルカヌムに弟のクイントゥスを訪ねたときのことだ。弟は妻のポンポニアに穏やかに優しく接していて、言い争いの種になるようなことは何もないように見えた。弟はこれ以上ないほどやわらかい口調で妻に言った。「ご婦人方を食堂に案内してもらえないか。わたしは男性陣をお連れするから」。こんなに礼儀正しい夫がいるだろうか？　ところが妻はぴしゃりと返した。「あら、わたしもここではただの客人のはずだけれど」。なぜこんなことを言うのか本当のところはわからないが、すべての資産を所有している弟に対して、自分の立場が不安定であるのが気に入らないと思っていることは確かだった。クイントゥスは「ご覧になったでしょう。いつもこうなんです！」とわたしに嘆いてみせた。些細なことではあるがとても腹が立った。愉しいはずの食事が重い空気に包まれてしまったのだから。弟の妻は皆と一緒に横になって食事をしないばかりか、弟が彼女の部屋に料理を運ばせてやっても苛ついた様子で突き返した。まったくこれほど気性の荒い女は見たことがない。弟と一緒に寝ることも拒むのだという。わたしは家に帰るなり、彼女の兄に宛てて手紙を書き（彼女の父親はすでに亡くなっている）、妹が夫に対して不遜な態度をとっているので兄としてきちんと諫めるようにと進言した。

離婚は思うほど悪くない

悲しいことだが、こうしたすれ違いをいつも解決できるとは限らない。そこで離婚すると決めたときにどうすべきかを記しておく。婚姻を解消したいときは妻にそう伝えればいい。直接言わずに手紙を送るか使いの奴隷に伝えさせても構わない。婚姻は結婚できる年齢の男と女の間で――場合によっては後見人である親族の許しを得て――交わされた同意に基づくものであるから、その同意が失われた以上、結婚生活を継続する理由はない。もちろん現実はそれほど単純ではなく、双方の家が納得する結論に至るまでには長い話し合いが行われるのが普通である。

そもそも夫婦は資産を共有しているわけではない。一般的には離婚するときに妻が持参金を取り戻せることになっている。それゆえわたしは結婚したばかりの知人には**持参金に手をつけずに全額取っておく**ことを勧めている。そうすればもし離婚することになってもすぐに払えるからだ。実際、裁判では持参金が全額返済されるまで離婚の成立が認められないので、裕福な家の娘を妻にして多額の持参金を受け取っていた場合は面倒なことになるおそれがある。気をつけていないと妻に主導権を握られてしまう。ただしそれは妻が貞淑だった場合の話である。離婚の原因が妻の側にあるなら、養育費という名目で子供一人につき**妻の持参金の六分の一か**

ら最大半分を自分の取り分とすることができる。また、妻が道義にもとる行動を取ったことの賠償として持参金の一部を夫のものとすることもできる。取り分は罪の大きさに応じて持参金の八分の一から六分の一で、もっとも罪が重いのは妻が姦通していた場合である。法的には離婚はローマ市民の男性七人の面前で宣言しなければ成立しないことを覚えておかれよ。とくに妻が不貞をはたらいていた場合、正式な手続きにのっとって離婚しないと、妻の娼婦のような振る舞いに加担したとみなされ、あなた自身も罰せられることがある。

　離婚したら**子供の親権は父親が持つ**。離婚後は前妻が子供と会うのを許さない冷酷な夫が多くいる。気持ちはわからないでもないが、怒りにまかせて決めてはいけない。たとえ妻がどれほどふしだらなことをしたにせよ、母親から完全に引き離すのは子供のためにならないし、あなたが子供たちから疎《うと》まれかねない。それに、夫がそんなふうに仕返しするとわかっていたら、妻は不本意ながらも結婚生活を続けることを選ぶだろう。それでは二人とも心機一転して再出発する機会を奪われてしまう。離縁するときはなるべく穏便にことを運ぶに越したことはない。前妻と個人的に契約を結び、幼い子供は母親のもとで暮らすことを許し、教育を受ける年齢になったらあなたの家で育てるといい。子供がどこで暮らすにせよ、養育費はあなたが責任をもって負担する。

　離婚したあとで前妻の妊娠が発覚した場合、さまざまな法的問題が発生する。とりわけ前妻が他の男と情を通じていた場合は誰が父親か判定するのが難しい。もしその子供が確実にあなたの子であるならば、養育費はあなたが負い、相続人の一人として認めることになるので、絶対の確信が得られない限りわが子だと認めてはいけない。前妻が正直な女だと信じられるなら暦を頼りに判断すればよい。妊娠していることがわかったら、前妻は**離婚してから三〇日以内**に申し出なければならない。拾った子供を元夫の子と偽って、嫡出子として認めさせようとするあくどい女も多いので、元夫には妊娠の真偽を確かめる権利が与えられている。また、本当に妊娠していることを確認したら、無事に出産するまで適切な注意を払って過ごしているか見守る権利もある。

読者のなかに離婚を考えている女性がいるなら、これから述べることをよくよく考えておいてほしい。神々の祝福を受けて子供を三、四人産んでいたなら、離婚しても母として尊敬され、妻にするのにふさわしい女とみなされ、社会での立場は盤石といえる。多くの子宝に恵まれるとわかっていたら、その女を娶《めと》りたいと思うのが当然ではないか？　逆に、子をなすことができず、夫に跡継ぎをもたらせなかった女は男にとって魅力的とはいえない。実際、子供を産めないことを理由に離縁される妻も多い。離婚したら女は持参金を持って父親の家に戻ることになるが、**出戻りは皆が考えるほど悪いものでもない**。父親が亡くなったら遺産を相続し、自由に暮らせるのだから。父の事業を引き継ごうと、奔放に恋愛を愉しもうと好きにすればよい。良き妻に当然求められるもの、すなわち母になれなかった失意は計り知れないが、どんな生き方を選んだとしてもいずれその傷も癒えるであろう。

解説

ファミリアはローマ社会の基盤をなす構成単位であり、父親が家長としてその頂点に君臨していました。家長は家内の者を保護するだけでなく、彼らを教え導く立場にありました。家内の者たちは家長に敬意を払い、従うことが求められていました。国家も元老院議員が父の役目を果たす一つの大きなファミリアと考えることができます。ローマ帝国の初代皇帝となったアウグストゥスに「パテル・パトリアエ」（国家の父）という称号が贈られたことは有名です。この称号は、ローマ市民に対する絶対的な権限を有し、市民生活のあらゆる問題に介入できることの象徴といえます。

子供が二、三歳になるまで父親が育児に携わることはほとんどありませんが、息子の教育については積極的に関わることが求められていました。この点についてはセネカの『神慮について』（第二巻第五章）とクインティリアヌスの『弁論家の教育』（第一巻第一章第四 - 六節および第一巻第四 - 五章）が参考になります。ブライソン・アラブスの『領地の管理（Management of the Estate）』はファミリアの運営についての興味深い資料です。紀元一世紀に書かれたもので、一部欠けてはいるものの、後世にアラビア語に翻訳されたテキストが現存しています。息子の育て方、農作業について、奴隷の管理法、妻の選び方など家を営むためのあらゆる事柄に父親がどのように関わっていたのか詳しく記述されています（現在はウォーリック大学のサイモン・スウェイン教授による注釈つきの英訳版を読むことができます）。もちろん書かれている内容は富裕層についてのものであり、一般のローマ市民がどう考えていたかは定かではありません。

ローマの男性は女性を完全に下に見ていました。小プリニウス『書簡集』（第四巻第一九書簡）や〝トゥリア追悼碑文〟として知られる墓碑銘に見られるように妻に最大の賛辞を送ることもあれば、母親を讃えることも珍しくありませんでしたが、女は生まれつき男より劣っているものであり、子を産み育てることしかできないとみなされていました。プルタルコスの『結婚訓』に明記されているように、女性は何事においても男性に従うことが求められていました。男性が妊娠するという奇妙な話はソラヌスの『婦人科学』に書かれています。ルキアノスはそのうちのいくつかを月への旅行譚を描いた『本当の話』（第一巻第二二章）の中で面白おかしく紹介しています。

当時は死亡率がきわめて高く、とりわけ都市部の死亡率は高かったようです。さまざまな資料を比較検証したところ、生まれてきた子供のおよそ三分の一が一歳未満で亡くなり、半数以上が一〇歳を迎える前に死亡しています。この残酷かつ明白な理由によって、ローマの女性には社会全体からたくさん子供を産むことへの重圧がかけられていました。一般的には一人の女性が死産や流産を除いて五、六人の健康な赤ん坊を出産し、人口の安定に貢献することが求められていました。出産の過程で死亡する女性が多かったため継母が子供を育てることも珍しくありませんでしたが、継母が前妻の子供よりも自分が産んだ子供を可愛がっていたことは容易に想像できます。このことはアルテミドロスの『夢判断の書』（第三章第二六節）や『イソップ伝』第三七巻などに書かれています。

生まれてきた子供は父親がファミリアの一員として受け入れることによって人間として存在することになります。通常は生後八～九日目に受け入れることが多く、それより前であれば父親の一存で子供を遺棄することができました。現代のわたしたちからみればとても衝撃的なことですが、周期法のほかに避妊の術を持たなかったローマでは中絶は出産と同じくらい危険なものだったのでしょう。つまり、子供を遺棄することは出産後の中絶と考えるとよいかもしれません。現在でも人間の命はどの時点から始まるのか、中絶は是か非か、法律上はいつまで中絶を容認すべきかといった点について激しい論争が交わされていますが、ローマでは中絶してもよい時期の境界線が出産後だったというわけです。セネカは病弱な子供や障害のある子供が生まれたときに育てずに捨てることを選択する父親がいたと記述しています（『論争問題集』第一〇巻第四章第一六節）。あるいは、単に星の配列が悪いときに生まれたという理由で子供を捨てていたとする説もあります（たとえばフィルミクス・マテルヌスの『マテシス』第一巻第七章第二〇節などに記載があります）。同じく『マテシス』（第七巻第二章第九、一一、一二、一三、二〇、二一節）によれば、捨てられた子供を奴隷にするために拾って育てることもありましたが、ほとんどは野良犬の餌食になってしまったと考えられます。

おそらく遺棄された子供の大半は女児だったと考えるのが妥当でしょう。エジプトで発見された手紙が現存していますが、そこには家を留守にしている夫が妻に宛てて、自分が戻る前に子供が生まれた場合、男児なら手元に残し女児なら捨てるようにと書かれています（『オクシリンコス・パピルス』第七四四）。ですが、赤ん坊を遺棄することがどのくらい頻繁に行われていたのかはっきりしたことはわかっていません。考古学者の発見によれば産んでは捨てるという考え方があったことがうかがえますが、それは売春宿など特定の場所に限ったことだと思われます。子供を遺棄していたという記述そのものもごくわずかしかありません。かつては子供の遺棄はエジプト属州でよくみられる習慣だと考えられていました。エジプトでは多くの人が〝コプロニム〟と呼ばれる名前を持っていました。〝コプロニム〟は〝糞〟を意味するギリシャ語で、いわば〝便《べん》さん〟と呼ばれるようなものですが、生まれてすぐに捨てられたためにつけられた名前と考えられています。ですが何世代にもわたって受け継がれているため、もはや単なる名前でしかなく、頻繁に子供を遺棄していたことの証拠にはなりません。

上流階級以外の子供は、五～一〇歳で働きに出されるのが一般的でした。『ローマ法大全』の「学説彙纂」（第七巻第七章第六節第一行）には五歳に満たない子供が働いていたことが書かれています。このことについてはキース・ブラドリー著『ローマの家族考‐ローマ社会の歴史研究（Discovering the Roman Family: Studies in Roman Social History）』（オックスフォード大学出版、一九九一年刊）が参考になります。オッピウス法撤廃の経緯についてはリウィウスの『ローマ建国史』（第三四巻第一‐四章）に書かれています。女性の道徳心が低下したことへの不満はセネカの『道徳書簡集』（第九五巻第二〇‐二一書簡）に記されているほか、ユウェナリスの『風刺詩集』（第六篇）の記述が有名です。キケロは『アッティクス宛書簡集』（第五巻第一書簡）の中で弟が苦労の多い結婚生活を送っていることについて述べています。また、アウグスティヌスは『告白』（第九巻第九章）のなかで、家内で夫が妻に暴力を振るうことには効果があり、ごく普通に行われていたと述べています。

第4の習慣

余暇を愉しむ

狩りをして、風呂に入り、戯れ、笑う。これぞ人生だ！〔ローマが北アフリカ属州に築いた都市ティムガッドの遺跡に残る退役軍人の落書き〕

古くから言われているように、満ち足りた人生とは**余暇を愉しむことのできる人生**である。裕福であろうとなかろうと真のローマ人ならばわが帝国がもたらした恩恵に存分にあずかりたいと思うものだ。この章では充実した人生、愉しみに満ちた人生の送り方を教える。

ローマ人が平和に愉しく暮らせているのは優れた統治体制のおかげである。自堕落で欲望を抑えきれない人間を野放しにする民主主義と違って、わが帝国は人々に安定と良識を授ける体制をとっている。ずいぶん昔に遡るが、ローマは共和政によって国を維持することはできないという結論に至り、一人の男に国の采配を一任することにした。これは一家の運営を父親が担うのと同じことだ。アウグストゥス帝〔在位前二七～後一四〕が元老院の筆頭に就任し、全権を掌握して以来、わが帝国の統治体制は公正かつ効率的な国家運営の見本となってきた。皇帝による統治が行われていなければ、ローマ人がこれほど繁栄し富を築くことはなかったであろう。

優秀な支配層によって国が治められていることを考えれば、そこに暮らす民が世界一幸せであることは言うまでもない。支配層には市民の利益を守る義務があり、そのおかげで市民は何の心配もなくのんびりと余暇を愉しむことができる。わたしは元老院議員として支配層の一翼を担っている。生計を立てるために働く必要がないという意味では、わたしの生活は余暇だらけである。だがわたしは他の誰よりも多忙な日々を送っている。集会に参加し、わたしに会いたい者が誰でも入れるように邸宅の扉をいつも開け放って、なるべく人と接するようにしている。手持ち無沙汰なときも何かすることを見つけ、その姿を人に見せるように心がけている。大半の時間を余暇に費やしていながら、決してのんびりと暮らしているわけではないのだ。

あなたがた庶民は余暇の過ごし方を心配する必要はない。偉大なる都市ローマは市民が余暇を愉しめるようにあらゆる娯楽を提供しているので、心置きなくのんびりすればよい。

風呂を愉しむ

「なぜ一日に一度風呂に入るのか」と異国人に問われたとき皇帝はこう答えたという。「**一日に二度入る時間がないからである**」。いかにもその通りである。皇帝が運営する巨大な複合型公共浴場に足を運んでみればその理由は一目瞭然だ。ティトゥス浴場を例に挙げて解説しよう。施設の入口は高くなっており、手前に幅の広い階段がある。段差は小さく、誰でも楽に上れるように配慮されている。中に入ると大きな広間があり、奴隷や付添い人は主人が入浴している間そこで待機する。広間の左手には賓客をもてなすための、灯りの灯された上品な個室がいくつか並ぶ。その奥に広々とした脱衣所が二つあり、脱衣所からつながる大きな空間には冷水の浴槽が三つ設《しつら》えられている。冷水浴室は壁一面がラコニア産大理石の石板で覆われ、絶妙な間隔で白大理石の彫像が配されている。

冷水浴室を抜けると奥行きのある楕円形の部屋に出る。室内は暖かいが我慢できないほど暑苦しくはない。その先にある明るい部屋はマッサージ師が客の体に香油を塗ってこするために特別に設計された区画で、フリギア産の大理石で囲んだ出入り口が外の運動場に通じている。彩り豊かな大理石がきらきらと輝くこの部屋は浴場全体のなかでもとくに美しく、時間を忘れてくつろいだり友人とのお喋りに興じたりして過ごせるようになっている。さらに進むと紫色の壁がまばゆく光る温浴室に出る。温浴室にも浴槽が三つある。暑さに耐えきれなくなったら温浴室を出てまた冷水浴をすればよい。各部屋の配置はどの部屋にも陽光が明るく射し込むように工夫されていて、趣向が凝らされている。ほかに掘り込み式の便所が二ヵ所と時刻を報せる装置が二つある。一つは日時計、もう一つは大きな音のする水時計だ。

公共浴場には、垢すり、マッサージ、詩の朗読会、散歩に最適な心地よい庭園、図書館、食べ物の屋台など欲しいものが**何でも**そろっている。ただし残念なことにどの浴場も衛生状態がよいわけではない。そもそも浴場がどういう場所であるか考えれば当然だ。浴場とは香油と汗と汚れと濁った湯にまみれた場所なのである。おまけに耳の鼓膜が破れるのではないかと思うほど騒々しい。筋骨隆々の男が鉛でできた錘《おもり》を振り回すと唸り声と息切れが室内に響き、マッサージ師が客の体を叩く音がこだまする。酔っ払いが喧嘩を始めたり、泥棒の捕り物騒ぎがあったりするかと思えば、湯につかりながら大声で歌う人もいる。そんな雑然としたなかで人々が水しぶきをあげて湯に飛び込む。もっといえば、腋や脛の毛を抜いてもらっている人の叫び声や、飲み物、腸詰、パイなどを売る者たちがめいめいに独特の節回しで客引きをする声のなんと耳障りなことか。浴場には筋肉質の女もいる。女はまず錘を使って筋肉を鍛え、運動を終えるとマッサージ師が両手を太腿に滑らせるのも構わず身を委ねる。それから温浴場へ向かい、騒がしい男の集団にまみれて気持ちよさそうに汗を流す。大きな盃でワインを二杯飲んで空の胃袋を刺激したかと思うと、すべて吐き出してまた同じことを繰り返す。ここまでくるともはや世も末だ。

さらに面倒なのは、夕食に招かれてただで食事にありつこうと**たかってくる連中**だ。おべっかを使いながらつきまとい、赤ん坊の涎かけより汚いあなたのタオルを拾って雪のように真っ白だと言って差し出したかと思うと、薄くなりかけた髪をといている横でまるでアキレス〔ギリシャ神話に登場する英雄。ホメロスの叙事詩『イーリアス』の主人公〕のように豊かな巻き毛だと褒めちぎる。そして、汗ばんだあなたの眉をぬぐう。あの手この手で延々とつきまとわれてうんざりし、しまいにはその取り巻きを夕食に招待する羽目になる。

浴場ではもっと困ったことも起こる。脱いだ衣服は泥棒にとって格好の標的なので、奴隷が見張りを怠けていると盗まれることが多い。浴場にまつわるこんな冗談話を聞いたことがある。ある賢人が浴場で二人の男から別々にストリジル〔浴槽で垢を掻きおとすための金属製の器具〕を貸してほしいと頼まれた。一人は見知らぬ男だったが、もう一人は泥棒だとわかっていた。彼は一人目には「すまないがそなたのことは存じ上げない」と言って断ったが、二人目にはこう言った。「すまないが、そなたのことはよく知っている！」。密かな戯れの相手を物色する者もいる。わたしの知り合いもその一人だ。名前は伏せておくが、彼は老齢の伝統主義者で、最新の流行やローマらしくないものごとに常日頃から文句ばかり言っていた。だが、ある日浴場で居合わせたとき、彼は若い男を目で追い、その視線は彼らの**下半身**に釘づけだった。最近は近所の浴場にこんな落書きがしてあるのを見た。「皇帝の従者アキレスとデクスターはここで昼食を愉しみながら交わり合った」。皇帝の従者までもがこの始末とは！

饗宴を愉しむ

さて、入浴を終えたらきちんと食事をとるべきである。なるべくなら浴場でおべっかを並べてたかってくる者どもではなく、友人を招いて宴を催すのがよい。ローマでの暮らしで困ることの一つは、そうした饗宴への招待をひっきりなしに受けることである。そのため招待した客人の何人かにすっぽかされることも珍しくない。すっぽかされるとひどく腹が立つので、わたしは約束を破った相手には翌朝手紙を書くことにしている。いかにも真面目くさった調子で文句を言ってやるのだ。たとえばこんなふうに。「夕食の招待を受けておきながら顔を出さないとはなんたる無礼であろうか」。そして料理や開けたワインの代金を請求するといって**脅し**をかける。手紙には用意した食材をすべて書き連ねることを忘れてはいけない。レタス、カタツムリ三四、玉子二個、大麦のパン、パンに添えるウニ、豚肉の塩漬け、甘口ワイン、そして雪(雪を調達するのにいくらかかるか想像がつくだろうか?)。続けて、オリーブ、ビーツ、ひょうたんと食材を並べたて、ほかにも美味しい珍味の数々を準備していたと書く。さらに、余興ももちろん用意してあったし、カディス〔スペイン南西部の都市〕から詩の朗読係や楽器の奏者、踊り子も呼び寄せてあったのに、とたたみかける。そしてこう締めくくる。ほかの家でもっと趣向を凝らしたご馳走に舌鼓を打っていたのかもしれないが、わが家に来たほうがずっと愉しく素朴でくつろいだ夕べを過ごせただろう、と。

もっともわたしは、夕食はできるだけ粗食ですませるように努めている。その手本とするのにふさわしい人は賢帝アウグストゥスをおいてほかにいないであろう。アウグストゥス帝の食事はいつも質素で慎ましく、きめの粗いパンや牛乳と未熟なイチジクから作った新鮮なチーズを好んだ。決まった時間に食べるのではなく、空腹を覚えるたびに少量を口にしていたという。元老院の書庫に保管されていたアウグストゥス帝の書簡を読んだことがあるが、そこには自身の食習慣についてこんなふうに記されていた。「馬車に乗っている間にパンとナツメヤシの実をほんの少し食べた」。ほかにも「臥輿《レクティカ》に乗って家に帰ってからパンを一二分の一リーブラ〔約二七グラム〕と干しブドウを少し食べた」と書かれている書簡もあった。また浴場で食事をする習慣に触れたものもあった。「親愛なるティベリウスよ、ユダヤ人でもわたしほど厳格に安息日の断食を守っている者はいない。浴場ではビスケットを二枚だけ食べ、香油を塗って体をこすらせた」。アウグストゥス帝は華やかな夕食にあまり関心がなく、一人きりで食事をすませることもあった。また宴を催したときでも、自分の食事は客人が来る前か帰った後でとり、饗宴の最中は料理に一切手をつけずに客人との会話に集中した。

残念なことに、歴代の皇帝は**暴食**の悪例も多く残している。ウィテリウス帝〔在位六九〕はその在位期間の短さに反して食欲が旺盛だったことで知られる。贅の限りを尽くした生活に溺れ、日頃から一日三回、多いときには四回も食事をとっていた。朝食にはじまり、昼食、夕食と続いたあとで酒宴を催すこともあった。たくさん食べることができたのは、食べたものをしょっちゅう吐いて胃を空にしていたからだ。豪華な料理を毎日用意するのは費用がかさむので、友人や裕福な知人に宴を催させて自分は客人として招かれることで食費を抑え、その宴で出す料理には最低でも四〇万セステルティウスはかけるように強要した。なかでもひどく評判が悪かったのは皇帝の弟の宴会で、二〇〇〇尾以上の新鮮な魚を使った料理と七〇〇〇種類もの鶏や家禽の料理が供されたという。だがウィテリウス帝がみずから主催した宴会はさらに度を越していて、皇帝のために特別に考案された料理まであった。あまりに大きいことから〝ミネルウァの盾〟〔ミネルウァは戦いの女神で、兜をかぶり槍と盾を手にしている〕と呼ばれたその料理は、チャー〔大型の淡水魚〕の肝臓にキジとクジャクの脳みそ、フラミンゴの舌、さらにカルパティア海〔エーゲ海の一海域〕で漁獲されすぐさまローマへと運ばれたヤツメウナギの内臓を混ぜたものだった。ウィテリウス帝は単に大食漢だっただけではなく、ときには食べてはいけないものにまで手を出すこともあった。あるときは生贄を捧げる儀式の最中に炎に焼かれる牛の肉をもぎとって口に放り込んだ。また、残飯を見つけると何でも食べてしまい、旅の途中で簡素な宿に泊まったときには食べかけで冷めたまま放置されていた前夜の残り物まで食べたこともあった。

食べることに執着しすぎるのはよくない。だが、食事についてはわたしにも二つだけこだわりがある。それは**良質のガルム（魚醤）**と**上等なワイン**をいつも用意しておくことだ。最高級のガルムの製法は次の通りだ。魚の内臓を桶に並べて入れ、魚が九に対して一の割合の塩で漬ける。ボラやスプラットやアンチョビといった小さな魚でも構わないが、マグロの内臓と血とエラから作れば最高に美味しいものができる。材料を混ぜ合わせて塩をふり、ときどき裏返しながら数ヵ月間天日で干す。魚が発酵し小骨だけになったら細かい網で濾して甕《かめ》に入れる。こうしてできたガルムは塩加減が絶妙で、どんなに淡白な料理でも味がしまる。魚の身が溶けやすいように茹でてから作る人が多いが、手間を惜しんでいるようでは質の良いガルムにはならない。ワインについても同じことがいえる。街中で庶民が飲むポスカと呼ばれる安っぽい酢を出すようではいけない。最高級のワインはファレルノ産のもので、何年も熟成させるといっそう美味になる。ただし一つ覚えておくべきことがある。ファレルノ産のワインは熟成させる年月が長いほど価値があるが、二〇年を超えると一気に質が落ちる。その前に飲むのを忘れないように！

見世物を愉しむ

個人で愉しむ娯楽もさることながら、公共の見世物を抜きにして余暇の過ごし方を語ることはできぬ。ローマではキルクス・マクシムス（大競技場）で行われる剣闘士の試合や見世物としての野獣狩り、戦車競走、演劇などが娯楽として提供され、人々が熱中している。あなたもローマ人の心意気を学びたいなら、こうした見世物にも親しむべきである。見世物は食料のような**生活必需品よりも大事**だということを理解しなければならぬ。かのトラヤヌス帝〔在位九八〜一一七〕は、戦好きなダキアを鎮圧する一方で、市民が娯楽に熱狂していることを知っていて、演劇、戦車競走、剣闘士の試合などの見世物を催すことにも力を注いだ。わずかな穀物の配給も市民にとってはもちろん大切だが、人心をつかむには生活必需品だけでは足りない。かつては富裕層だけに許されていた娯楽を庶民にも解放することが皇帝の人気につながることをトラヤヌス帝はわかっていたのである。食料は必需品であるのに対し、娯楽は贅沢であり、人はその贅沢に浴するために生きているといっても過言ではないのだ。

なかでも円形闘技場（コロッセウム）で開催される剣闘士の試合は年間十数回しか行われない一大行事である。運よく入場券を入手できれば、一日中愉しむことができる。闘技場では社会的地位に応じて観覧する場所が決まっている。はっきり言うのは憚られるが、野蛮人であるあなたがたは地位が低いので、最上部の安い席が割り当てられる。だが案ずることはない。その席からでも試合は十分見えるし、何より観客の列を見下ろして、お気に入りの剣闘士に熱狂し、手を振って声援を送る人々の様子を眺めることもできる。

午前の部は**野獣狩り**で幕を開ける。野獣狩りはとても人気があり、ときにはキリンやカバといった帝国の辺境にしか生息していない珍しい野生動物が見られることもあれば、雄牛と熊が戦わせられることもある。もっともたいていは訓練を受けたハンターがさまざまな野獣を追いつめる見世物が主流である。筋肉がよく見える、明るい色の衣装をまとったハンターが野獣のすぐそばまで近づき、逃げきれないのではないかと観客をはらはらさせておきながら、木製の盾をうまく使って知恵と度胸を武器に見事逃げおおせる。やがて野獣の体力が消耗したら、容赦なく槍で突くか矢を射って倒す。一連の攻防は観客によく見えるように闘技場の真ん中で繰り広げられる。見慣れていない者は登場する野獣の数の多さに圧倒されるに違いない。皇帝の即位一〇周年を祝って開催された盛大な闘技会では、六〇頭の猪が一度に放たれただけでなく、象やクロコッタも狩りの餌食になった。クロコッタはインドに生息する野生動物で、ローマで披露されたのはこのときがはじめてだった。ライオンと虎をかけ合わせたような動物だが、見た目は犬や狐にも似ていて、それらが全部混ざったような不思議な姿をしていた。最大の見せ場では闘技場全体が〝船〟に見立てられ、その船の側面が開くと数百頭の動物が〝船内〟から一気に飛び出した。熊、豹、ライオン、駝鳥、野生のロバ、バイソンなどに加え、さまざまな家畜が、ハンターが放ち続ける矢に怯えて逃げ回っていた。この大量殺戮は実に見ものだった。

ティトゥス帝〔在位七九～八一〕はとりわけこの種の見世物を好んで催した。あるときは大型の鳥と四頭の象の戦いがあった。また円形闘技場の落成を記念して行われた野獣狩りでは九〇〇〇頭もの動物が殺され、武装した男のほかに女戦士も参加した。剣闘士同士のありふれた試合ではなく、競技場を水浸しにして歩兵を戦わせ、海戦を再現したこともあった。一〇〇日間に及んだこの見世物の最中、ティトゥス帝は観客の目を愉しませただけでなく、くじ引きを行い賞品まで提供した。皇帝の従者が木の小さな玉を観客席に投げ入れ、運よく玉をつかんだ者はそこに刻まれている賞品を手に入れることができた。賞品は食料や新しい衣服、銀杯、金杯、馬、動物の群れ、奴隷など、さまざまなものが用意されていた。当然ながら当たり玉をめぐって激しい取り合いになることは避けようもなく、押し寄せる人波につぶされて大勢の死者がでた。

昼食時には束の間の安らぎとして**公開処刑**が行われる。わたしも以前、セルススという悪党がシキリア〔シチリア島のこと〕のエトナ火山の麓でちょっとした反乱を率いたかどで処刑されるのを見たことがある。セルススはエトナ火山に似せて作られた高い足場の上に立たされていたが、突然その足場が崩れて猛獣が待つ檻の中に落ち、たちまち食いちぎられた。火山の麓で野獣さながらの蛮行をはたらいた男にふさわしい、見応えのある最期だった。こうした処刑は胸がむかついて見ていられないという人もいるが、社会の最下層にいる者に体罰を科すのは当たり前のことである。罪を犯した代償は体の痛みで払わねばならぬという見せしめにもなるので、処刑を公開することにも意義がある。見物人が愉しめるように神話になぞらえて処刑が行われることも多いので、神話についても知識を深めておくとよいだろう。いつだったか、プロメテウスの神話に着想を得た処刑が行われたことがあった。プロメテウスといえば人間に火を授けた罪で岩に磔にされ、生きながら永遠に鷲に内臓をついばまれ続けたことは知っての通りだ。それと同じように死刑囚のラウレオルスが十字架に磔にされ、カレドニア〔現在のスコットランド〕から連れてこられた熊に内臓を食べられた。食いちぎられた手足は震え、原形を失った体のあちこちから血が滴り落ちていた。また、ある処刑ではオルフェウスの神話が再現された。罪人が竪琴を手にして地中から競技場にせり上がってきたが、はじめは彼を取り囲んでいたライオンなどの猛獣はおとなしくじっとしていた。神話のようにオルフェウスの歌声に聞き入っているのではないかと死刑囚自身も信じかけたことだろう。だが、合図をきっかけに野獣が猛然と襲いかかり、罪人の身体を八つ裂きにした。なんとも洒落た演出ではないか。

　公開処刑が終わると、いよいよその日いちばんの見せ場となる。**剣闘士**のお出ましだ。皇帝が観覧席に着き、観客の興奮が最高潮に達すると剣闘士が場内に登場する。試合の前には剣を研いで切れ味を鋭くし、剣闘士が倒れて死んだふりをしていないか確かめるために鉄のこてを熱し、恐れをなして動けない剣闘士を追い立てて敵に向かわせるために鞭を用意する。ラッパの音が鳴り響くといよいよ試合開始だ。

　剣闘士が相手を突き刺したり敵の一撃をかわしたりするたびに歓声があがる。攻撃を避けきれずに傷を負うとひときわ歓声が大きくなる。まさに目が離せない白熱ぶりである。とりわけ倒れた剣闘士が指を立てて慈悲を懇願する瞬間がたまらない。一瞬、場内は針が落ちる音も聞き取れるのではないかと思うほどに静まり返る。次の瞬間、観客たちは喝采ややじを飛ばし、トーガを揺らしながら親指を上下どちらかに向けて腕を振り、敗者に望む処遇を示す。そして一心に皇帝を見つめ、判定の瞬間を待つ。皇帝のほうもちゃんと心得ていて、観客がどちらを望んでいるのか見極め、少し長めに間をとって焦らしてから、皆に見えるように大仰な仕草で判定をくだす。皇帝の親指が上に向けられた場合、敗者の剣闘士は命拾いし、今後も剣闘士として戦い続ける。だが、観客の情けを受けられず皇帝の親指が下に向けられたときは、人間の究極の運命を受け入れなければならない。頭をそらして首を差し出し、勝者が振り下ろした剣で全身を真っ二つに割かれる。死をもって今世の汚名を返上するのだ。

剣闘士の多くは奴隷や死刑囚など、もともといちばん卑しい身分の者たちである。それでもその姿から学ぶことはある。彼らは規律を重んじる軍隊の伝統を体現している。その伝統こそローマを偉大な帝国たらしめた理由である。剣闘士の勇気ある振る舞いと戦闘技術の高さは誰もが目指すべきものだ。死を恐れない姿勢からは、ローマ人として国のためにいつでも身を捧げる覚悟を学ぶべきである。救いようがないほど惨めな野蛮人を、多くの美徳を備えた生き方の手本に変えることができるのは、わが帝国の懐の深さゆえである。剣闘士の生き様は己を向上させる方法の見本なのだ。

ただし何事も行きすぎはよくない。良識ある人格者を目指すなら、延々と試合観戦に明け暮れていてはいけない。人の心に巣くう悪は余暇を愉しんでいるときに鎌首をもたげるものだ。死刑囚が死に値することはいうまでもない。つまるところ彼らは盗人や殺人者なのだから。だが野獣と人間を戦わせるからには、死の恐怖に耐えながら**機転と技能と創造性**を示すものでなければならない。それこそローマがローマであるゆえんなのだから。だが、死刑囚には身を守る鎧すら与えられていなかったり、試合の合間を埋めるためだけに斬首が行われたりすることもある。悪趣味な観客はその手の見世物に熱狂し、「息の根を止めろ！　鞭で打て！　焼き殺せ！」と檄を飛ばすが、単なる殺戮劇を見物したところで何が得られるというのか。あさましい観衆の姿を目の当たりにすると、先の世を憂う気持ちになるのも無理はない。

酒と賭博は節度をもって愉しむ

街中や薄汚い酒場で呑気にくつろいでいる平民たちのなんと無様なことか。とくに一晩中酒場や劇場のアーチのあたりにたむろして、始終鼻を鳴らしながら、賽子《さいころ》賭博のことで言い合いをしている連中の真似だけは絶対にしてはならぬ。彼らにとって最高の愉しみは一日中——晴れだろうと雨だろうと、それこそ夜明けから日没まで——大競技場で戦車競走に出走する馬と御者の長所と欠点についてあれやこれやと意見を交わしながら過ごすことだ。競走が行われる日には数えきれないほど多くの平民が競技場に詰めかける。大の大人がそろいもそろって、目の前を駆け抜ける馬や御者にわれを忘れたかのように夢中になっている様子は実に見ものだ。ローマではもはや真面目には生きられないと言われるのも頷ける。馬の速さやその馬をさばく御者の手腕に魅了されているというならまだわからないでもないが、彼らは自分が賭けた戦車にしか関心がない。出走する戦車は赤、青、緑、白のチームに分かれていて、一レースに三台まで出場でき、チーム内で協力し合って勝利を目指す。仮に応援しているチームの戦車が途中で色を変えて敵に寝返ったら、観客はすぐに見限って別の戦車に声援を送るに違いない。

　酒場というのは社会の底辺の暮らしがすべて詰まっている危ない場所だ。そこで働く女は誰でも売春婦として買うことができるといわれている。そういう後ろ暗い評判があるので当局も厳しく監視している。どこかの間抜けが囮捜査を行う兵士によって罠にかけられたという話もときどき聞こえてくる。そのやり口はこうだ。兵士が市民と同じ服装をして客の隣に坐り、辛辣なことばで皇帝の悪口を言う。すると客は話を切りだしたのは相手なのだから何を言っても安全だと気を許し、長広舌をふるって皇帝を批判する。気づいたときには手枷をはめられて連行されていて、二度とその姿を見かけることはないというわけだ。

　ローマ人は賭博好きだが、あなたがたは決して**のめり込んではいけない**。そもそも賭博は違法であり、賭博行為が許されるのは宴会の席とサトゥルナリア祭の期間中だけだ。だが実際には、どの酒場も店内の奥では賽子賭博が行われている。客寄せのために店の外に賽子賭博に使う盤が置かれていることもある。ただし法を犯していることがわからないように、升目の代わりに同じ数の文字が書かれている。それも滑稽な洒落が格言風に書かれていたりする。最近見かけたものにはこんなことが書いてあった。

財産を捨てよ
この愚か者め
心を入替えよ

なんとも皮肉が利いているではないか。博打を打つ者を茶化したものもある。

席から離れよ
賭博は許さぬ
馬鹿者は去れ

素晴らしい。ローマ人が余暇を満喫できていることについて核心をついたものもある。

ブリタニアは　征服された
ペルシャ人は　殺害された

ローマの民よ　戯れるがいい

われわれが娯楽に興じることができるのは、ローマ帝国が世界の覇者となったからである。貧民もその恩恵にあずかっている。皇帝の寛大なはからいによって成人男性の市民に毎月無料で穀物が配給され、それによって家族を養っていけるのもひとえにわが帝国が強大であるからだ。もちろん繁栄の裏には欠点もある。かつて偉大なるローマ人は次にどこを攻め落とすかといった国家の存亡に関わる重大事を決断していた。それが今では関心があるのはただ二つ――パンとサーカスだけだ。

賭博行為には人間の悪い性《さが》がまざまざと現れる。平民たちは相手を騙してやろうといつも躍起になっているので口論が絶えない。賽子の出目の合計が本当は三だったのにぞろ目を出したと言い張るといった具合だ。賽子を振るときに呪文を唱える人もいる。以前、宴会で賽子遊戯をしていたとき、解放奴隷が賽子を握った手に向けて何やら呟きだしたことがあった。「賽子よ、われを勝者とせよ。偉大なる神、テルテニトル　ディアゴテレ　テルテニトル　シヤポテレオ　コドコル、われに並ぶ者はあってはならぬ。われはテルテニトル　エロトルティン　ドロトルなり。願い通りの出目とならんことを」。自分が振る番になるたびに同じことを繰り返すので、われわれは笑いだしてしまい、彼も恥ずかしくなって呪文を唱えることをやめた。

聡明なるアウグストゥス帝はことのほか賽子賭博が好きだったという。だが、勝ち負けには一切こだわらなかった。何においてもアウグストゥス帝を手本とすべきだが、その点はとくに見習うとよい。アウグストゥス帝は饗宴の席でも友人たちと賽子賭博を愉しんだ。複数の賽子を振って、全部の賽子の目が一または六だった場合、賽子を振った人は一デナリウス〔古代ローマの銀貨〕を出す。最初にウェヌスの目（全部の賽子の目が違う数字）を出した人が勝者となり、皆が出したデナリウス銀貨をすべて手に入れる。アウグストゥス帝は一日に二万デナリウスもの大金を散財することも珍しくなかった。というのも、必ず客人に勝たせるようにしていたばかりか、賭け金として数百デナリウスずつ渡していたからだ。

心の内にある悪を制御する

余暇があるというのは恵まれていると同時に危険なことでもある。若いときに莫大な遺産を相続すると、人生を安易に考えるようになり、すぐに**怠け癖**がついて、何に対しても**無関心**になることは目にみえている。これ以上追い求めるものも欲しいものもないのだから当然だ。あなたも決して例外ではない。真のローマ人になりたいのなら、心の内にある悪を制御しなければならぬ。さもないとローマ人のように成功し、あらゆる贅沢を享受できる境遇になったとしても、精神が腐敗し人として堕落してしまいかねない。

ローマに最初に贅沢を持ち込んだのはルキウス・マンリウス・ウルソ・ロングス〔共和政ローマ期の執政官〕である。ガラテヤ〔古代小アジア中部にあった王国、現在のトルコ、アンカラのあたり〕に勝利したときに配下の軍隊が豪勢に祝うことを許し、その習慣がローマに持ち込まれて伝染病のように広まった。彼らは潤沢な戦利品を携えてローマに帰還した。青銅でできた臥台、豪華なタペストリー、柔らかい生地、銀製の盆などローマ人にとってはどれもはじめて目にするものばかりだった。祝賀の饗宴では女たちが竪琴を弾き、歌い、舞を披露し、手のかかった高価な料理が供された。それまで料理人は最下層の奴隷だったが、突如として地位と財を得ることになった。かつては卑しい仕事とみなされていた料理が芸術として認められるようになったのだ。だが、その後にローマをのみ込むことになる贅沢の波からすれば、これはまだほんの序の口でしかなかった。

わたしは前皇帝の愛人がとある婚姻の祝宴に参列したときに、エメラルドと真珠を織り込んだヴェールに身を包んでいたのをこの目でしかと見た。顔も髪も耳も首筋も腕までも包み込んでいたそのヴェールの値は四〇〇〇万セステルティウスはくだらないだろう。その宝石は皇帝からの贈り物ではなく、女の先祖が遠い昔に異国の属州を征服したときに手に入れ、代々受け継がれてきた家宝だった。かつては異国の王からの賄賂だった宝石が今では売春婦とさして変わらない女を飾るために使われていた。いずれにせよ、その宝石は老若男女を問わず触れた者を贅沢のとりこにしてしまういまわしい力を発揮する運命だったということだ。だがこれよりもっと酷い話を聞いたことがある。エジプトの女王クレオパトラは、父から相続した史上最大といわれる真珠を二つ所有していた。彼女は、マルクス・アントニウスが毎日のように豪勢な宴を開いて贅沢な料理を堪能しているのを見て鼻で笑い「その程度で豪華だと思っているの

郵便はがき

料金受取人払

新宿局承認

739

差出有効期間
平成30年6月
30日まで

160-8792

864

東京都新宿区愛住町 22
第3山田ビル 4F

(株)太田出版
読者はがき係 行

お買い上げになった本のタイトル：

お名前		性別	男・女	年齢	歳
ご住所	〒				
お電話		ご職業	1. 会社員 2. マスコミ関係者 3. 学生 4. 自営業 5. アルバイト 6. 公務員 7. 無職 8. その他（　　）		
e-mail					

記入していただいた個人情報は、アンケート収集ほか、太田出版からお客様宛ての情報発信に使わせていただきます。

太田出版からの情報を希望されない方は以下にチェックを入れてください。

□ 太田出版からの情報を希望しない。

本書をお買い求めの書店

本書をお買い求めになったきっかけ

本書をお読みになってのご意見・ご感想をご記入ください。

＊ご投稿いただいた感想は、宣伝・広告の目的で使用させていただくことがございます。あらかじめご了承ください。
＊太田出版公式HP（http://www.ohtabooks.com/）でもご意見を募集しております。

か」と言い放った。「わたしなら一度の宴で一〇〇〇万セステルティウス使うこともできる」。それを聞いたアントニウスは、本当に一度の食事でそれほどの額を費やせるなら見てみたいものだと言い、絶対に無理だと確信して何人かと賭けをした。

翌日、クレオパトラはアントニウスを招いて見事な宴を催した。熟成させた最高級のワインと選りすぐりの肉がふるまわれ、主催者である女王は例の巨大な真珠の耳飾りをはじめ最高級の宝石をつけていた。だが、宴そのものはアントニウスが毎日催していた饗宴を凌ぐものではなかった。彼はつましい宴だと言って笑ったが、クレオパトラは供される食事の額は一〇〇〇万セステルティウスを超えているのだといって二品目を運んでくるように命じた。命を受けた召使いは空の盃を一つだけ運んでくると、それに酸味の強い酢を注いだ。興味津々で身を乗り出して見つめているアントニウスの前で、クレオパトラは耳飾りを一つ外して酢の中に入れた。そして真珠が瞬く間に溶けてなくなると、その酢を飲んだ。賭けの勝敗を判定することになっていたルキウス・プランクスは、クレオパトラがもう一つの耳飾りでも同じことをしようとするのを慌てて制止し、「この勝負、アントニウスの負け」と宣言した。後にアウグストゥス帝となるオクタウィアヌスがアクティウムの海戦でアントニウスとクレオパトラを破り、クレオパトラがみずから命を断ったことを考えると、このときのことは真珠の行く末を暗示した不吉な予言とも思える。事実、残ったほうの真珠はローマの手に落ちて二つに割られ、パンテオンに立つ女神ウェヌスの像の両耳を飾ることになったのだから。

巨万の富を得ることほど恵まれていることはないと言う人がいたら、「田舎のネズミ」の教訓に学べと教えてやるとよい。昔、ある田舎のネズミを古くからの友である町のネズミが訪ねた。田舎のネズミは洞穴に住んでいて、ほとんど何も持たない質素な暮らしをしていたが、客が訪ねてきたときにはありったけのもてなしをするのが常だった。このときも冬を越すために大切にとっておいたカブやオーツ麦を町のネズミに惜しげもなくふるまった。都会暮らしの友は舌が肥えているだろうからと、乾燥させたスモモやかじりかけのベーコンまでご馳走し、自分はスペルト小麦だけの粗末な食事ですませた。食事を終えると町のネズミが言った。「どうしてこんなに荒《すさ》んだ森で厳しい生活を送っているのか。町に出てくればずっと便利でいい暮らしができるのに。悪いことは言わないからぼくと一緒に町へ行こう。どれだけ損をしていたかわかるはずだ。人生は一度きりで、しかも短いのだから」

田舎のネズミは友の勧めに従って一緒に町へ行くことにし、二匹は日が暮れる前に町に着いた。町のネズミは田舎のネズミを豪邸へ案内した。部屋には深紅色の絨毯が敷かれ、象牙で作られた臥台は金の装飾がほどこされてまばゆく光り、食卓には前の晩の饗宴で残った贅沢な料理が並んでいた。町のネズミは今度は自分がもてなす番だと張り切って残り物の料理をせっせと田舎のネズミの前に運ぶと、満足げに横たわり、町の暮らしについて話してきかせた。そのとき不意に大きな音がして部屋の扉が開いた。犬の吠える声がどんどん近づいてきて、二匹のネズミは慌てふためいて部屋中を走り回り、逃げ道を探した。運よく壁の下のほうに小さな裂け目があり、二匹は命からがら追っ手から逃れた。豪邸を出ると田舎のネズミが言った。「さようなら、友よ。ぼくはこんなふうに暮らすのはごめんだ。森にあるぼくの家は質素だけれど、こんなふうに危ない目に遭うことはないし、ずっと快適だ」

友情を大切にする

この寓話は贅沢で時間の流れが速い**都市での暮らしにのみ込まれてはならない**という教訓である。それと同時に**友情の大切さ**も説いている。この世での限られた時間のなかで、われわれは自分にとって大切な人を、そして自分を大切にしてくれる人をいつも探し求めねばならない。善意と愛情こそが人生の本当の喜びなのだ。わたしにはスキピオという親友がいて、ずっと共に生きてきたが、あるとき突然、死が彼を連れ去ってしまった。だが、彼の美徳はわれわれの心の中に生きていて、人生において何か偉業を成し遂げたいと願う者を鼓舞し続けている。あなたも彼のように忠実で高潔で道徳心に満ちた友を持つべきである。だが友にそのような資質を求める人は少ない。むしろ自分の欠点を補ってくれ、自分にない素質を持つ友を求めがちである。まずはあなた自身が優れた人間になり、人から好かれるように心がけるべきだ。善意の絆で結ばれた友は、ほかの者たちのようにあなたへの羨望をあらわにしたり、損得勘定で近づいてきたりしないものだ。むしろ真の友はいつも対等な関係でいることを喜び、どんなことがあっても力になってくれる。自分が苦境に立たされたときには、あなたが同じように手を差し伸べてくれると信じているからである。真の友は、あなたが不名誉なことや不正に手を染めるようそそのかしたりせず、あなたを愛し、大切にする。互いにこれ以上ないほど深い尊敬の念で結ばれている存在だと言っても過言ではない。友が払ってくれる最大の敬意は、どんな宝石よりも輝かしい勲章なのである。

ウェストリキウス・スプリンナはわたしの長年の友人で、先日彼の邸宅を訪問したときもこの上なく喜びに溢れた時間をともに過ごした。彼は年老いているが、いかに満ち足りた人生を送るかということの見本のような人物である。わたしはつねづね星の規則的な移動に合わせて生活する人に敬意を抱いている。若いうちは生活が少々乱れたり羽目をはずしたりしても問題ないが、歳をとると野心が薄れ、無理がきかなくなる。それゆえ穏やかに規則正しく生活するほうがずっとよいのだ。スプリンナもそういう考えの持ち主で、月が軌道に沿って動くように規則正しい生活を送っている。朝は第二時〔古代ローマでは日の出の時刻を第一時、日の入りを第一二時として、正午を中心に午前と午後を六時間ずつに分けていた。そのため夏と冬では一時間の長さが異なる〕近くなってから起床し、奴隷の手を借りて着替えをし、靴を履く。それから散歩に出て三マイル〔古代ローマの一マイルは約一・五キロメートル〕歩く。家に戻ったら奴隷に書物を朗読させる。友人が滞在していれば、友人を誘ってきわめて高尚な話題について議論を交わしながら一緒に過ごす。老友から古き良き時代の話を聞き、当時の高潔な人々の気高い振る舞いについて知ることができるとはなんたる幸運であろうか。彼の話しぶりはこれっぽっちも説教じみていないので、あなたは教えを受けていることにまるで気づかないかもしれない。だが彼の話からは学校で習うよりもずっと多くのことを学ぶことができる。

スプリンナの日課は七マイル〔約一〇・五キロメートル〕の乗馬、さらに一マイル〔約一・五キロメートル〕の散歩と続く。それから書斎にこもり、学者好みの韻律を用いてギリシャ語とラテン語で抒情詩を詠む。彼の詩は品がよく知的で心に響く。運がよければ、できたての詩をその場で聞かせてもらえることもある。入浴の時間は冬は第九時、夏は第八時と決まっていて、時間になると、風がない日は裸で日光を浴びながら浴場まで歩いていく。浴場では球技をして汗を流し、試合にも参加する。老化を防ぐには運動がいちばんだとわかっているからだ。入浴後は横になって体を休めてから食事をする。夕食の食卓には地味で古めかしい銀器とコリントの陶器に盛られた料理が並び、簡素ながら慎みを感じられるように配慮されている。俳優が喜劇の詩を朗読し、食堂は明るい雰囲気に包まれている。食事は夜更けまで続くが、だらだらと長引くわけではない。料理を食べすぎたりワインを飲みすぎたりすることもなく、やがて主人が席を立つと食事が終わる。こうした**規則正しい日課**をこなすことで、スプリンナは七七歳の高齢でありながら健康で幸せな生活の手本というべき暮らしをしている。耳が遠くなることも老眼になることもなく、体力も衰えず、精神はいつも研ぎ澄まされている。年齢を感じさせるのは、歳月を経ていっそう深まった見識だけである。事業や社交の煩わしさから解放されたならば、こういう生き方を見習うべきである。

ローマがまだ共和政だったころは、元老院議員も農場で暮らしていた。ローマ人が都市の生活に慣れきって、精神が堕落する前のことだ。名高きクインクティウス・キンキナトゥス〔ローマ人の美徳を体現した存在として語り継がれる人物〕は独裁官に選出されたという報せを受けたときも農作業をしていた。土を耕すことに喜びを感じる彼のような老人を憐れむ必要がどこにあるだろうか。わたしは農業をすること以上に幸福な人生はないと思っている。農作業によって人々に利益をもたらし、美しい田園に囲まれて暮らし、労の報いとして自然から豊富な作物を授かり、その恩恵を神に捧げる。貯蔵庫には油とワインが溢れ、家の中は豚や山羊や子羊や家禽の肉とチーズと蜂蜜の匂いで満ちている。言うまでもないが、どれも領地内で収穫されたものや、鷹狩りや狩りの獲物である。

慎み深さと自制心を忘れない

何に喜びを見出すにせよ、慎み深さと自制心を常に忘れてはならぬ。文学に親しむことは紳士が時間と金を費やすのにふさわしい嗜みだが、それも**節度**を保ってこそである。すべて読むことなどとうていできぬというのに大量の書物を所有して何になる？　多くの著者の作品をところどころ拾い読みするくらいならば、数人に絞って深く読み込むほうがずっといい。アレキサンドリアの大図書館が火事になったとき、四万点もの収蔵書が焼失したというが、それが何だというのか。あの巨大な図書館は異国の王が文学に親しんでいることをひけらかすために建てた贅沢の極みにすぎず、見識や学びの深さとは無縁だ。書物は学ぶために活用するものであって、食堂を飾るためのものではない。象牙やシトラスの木で造られた書棚を買い、読みもしない雄弁家や歴史家の書物を並べることに何の意味があるのか。そういう人々にとって知識とはひけらかすために買うものであって、純金の給水栓となんら変わらない。

快楽に溺れ鈍感になることは**不幸**である。現状に安住し何の向上心も持たない者は風が凪いで進めない船と変わらない。本物の幸福は自然と調和して生きることにある。自然は絶えず不運や災害をもたらすが、荒波のなかでも進む術を学ばねばならぬ。運命に足をすくわれるのではなく、うまくつきあってゆくのだ。**欲望の奴隷**になってはならない。慎ましい暮らしでも喜びを感じられるからこそ富のありがたみがわかるのである。金は人に見せびらかすために使うのではなく、実用的な利点をもたらすものにだけ投じるものだ。何であれ必要な分だけあればそれでよい。空腹を満たす食料と喉を潤す飲み物があれば十分である。移り変わりの激しい現代の流行に惑わされて浪費してはならぬ。古《いにしえ》の先達の生き方に学び、欲や快楽に打ち勝って、贅沢をしたいという衝動を抑えるのだ。貧民たちの貧しさをけなすのではなく、恥も外聞もなく倹約に努める彼らの生き方を見習うべきである。最高の財産はあなたの心の中にあり、その財産は己を律することによって解き放つことができる。運命に抗うことも、運命があなたの前途に投げかける数々の災難をすべて避けて通ることもできはしない。**軛《くびき》が重く感じられるのは首が弱いから**である。不運を乗り越えて逞しくなった者だけが本当の幸せを知ることができるのだ。

解説

古代ローマ世界に関する現存している文献のほとんどは社会階層の上層部にいた男性によって書かれたものです。文学で傑作を生み出すのに必要な修辞学や作文技術の習得には何年もかかるため、その教育に高額な費用を支払えるのはごく一部の富裕層だけでした。社会階級がはっきり区別されていたため、上流階級の人々が優越感から尊大に振る舞っていたとしても驚きではありません。彼らがローマを支配し、全市民に恩恵をもたらしていたことを考えればなおさらです（この点についてはキケロの『国家論』第一巻第三四章が参考になります）。共和政の後期には周辺地域の征服と政界での活躍によって自らの栄誉と権力を最大限まで高めようと望む貴族の間で派閥闘争が起こり、国が分断されたにもかかわらず、支配層の優位は変わりませんでした。これが現代なら、わたしたちは政治家にもっと冷ややかな視線を送り、恩着せがましい温情主義にすぎないと思うことでしょう。一般のローマ市民がキケロのように支配的地位に君臨する政治家をどう思っていたのかはわかりません。彼らの意見は重視されていなかったので、後世のために書き残されることがなかったからです。ローマでは市民の多くが軍に入隊し律儀に任務をこなしていました。軍役につく市民の割合は産業革命以前に存在していたどの国家よりも大きかったと思われます。だからといって市民と政権を握っている支配層の折り合いが悪かったわけではありません。武功を挙げれば名声と資産を獲得できるチャンスがあったからです。ポンペイウスやユリウス・カエサルなどの指揮官は出征を終えて帰還した兵士たちに特別報酬を与えましたが、その額は市民の数年間の収入に匹敵しました。

帝国が築いた富はローマ市内に集中していたため、支配層や後の皇帝たちはその莫大な資産を使って市民に穀物を配給したり、娯楽として見世物を開催したりすることができました。皇帝が運営する公共浴場は余暇を過ごすための一大複合施設でした。カラカラ浴場の遺跡にのこる巨大な外壁を見たことのある人なら、その規模の大きさがわかるでしょう。浴場の描写はルキアノスが入浴の習慣を讃えている『ヒッピアス』を参考にしました。セネカの『書簡集』（第五六書簡）には浴場で耳にするさまざまな騒音について鮮明に書かれています。湯気と熱気に満ちた浴場で繰り広げられたといわれる不道徳な行為の数々についてはマルティアリスの『エピグラム』に描かれています。小プリニウスは饗宴に姿を見せなかった友人に手紙で苦情を伝え、夕食を用意するのにかかった費用を請求すると脅しをかけています（『書簡集』第一章第一五書簡）。一〇世紀に東ローマ帝国（ビザンツ帝国）で民間伝承を集めて編纂された『農業論《ゲオポニカ》』には古代ローマで料理の味のアクセントとして欠かせなかったガルム（魚醤）の作り方がいくつか紹介されています。

アウグスティヌスの『告白』のなかには若いキリスト教徒の友人が競技観戦の興奮と高揚のとりこになっているという有名な話があります。五賢帝時代後半の雄弁家であるマルクス・コルネリウス・フロントは手紙のなかで市民のために見世物を開催することの政治的方針について説明しています（『書簡集』第二巻第一八章第九・一七書簡）。ティトゥス帝が見世物を好んだことについてはカッシウス・ディオの『ローマ史』（第六六巻第二五章および第七七巻第一章）に書かれています。罪人の公開処刑で神話を再現した事例はストラボンの『地理書』（第六巻第二章）とマルティアリスの『見世物について（On the Spectacles）』（第七巻）で紹介されています。

セネカは競技観戦に没頭することが人に与える悪影響について論じ、昼食時に行われる残酷な公開処刑に熱中する大衆を批判していますが（『書簡集』第五巻）、世論を代弁しているかどうかについては注意が必要です。セネカの文献の一部は身分や地位に関わらずあらゆる人間に共感を示すストア哲学の主張に基づいて書かれていますが、罪人を死刑にすること自体には反対ではありませんでした。ただし、単なる殺戮ではなく意趣を凝らした処刑であればこそ、大衆も観る価値があるのだと考えていました。見世物全般についてさらに詳しく知りたい場合は拙著『コンモドゥス帝がサイを殺した日──ローマの見世物』（The Day Commodus Killed a Rhino: Understanding the Roman Games、ジョンズ・ホプキンズ大学出版、二〇一四年刊）を参考にしてください。

アンミアヌス・マルケリウスが四世紀のローマ市民の暮らしについて書いた著書には平民が賭博に興じる様子が描かれています（『歴史』第一四巻第六章第二五・二六節）。マルクスは戦車競走に熱狂する人々を批判していますが、その考えは小プリニウスの『書簡集』（第九巻第六書簡）をもとにしています。賽子賭博を行うときに唱えたという呪文は『ギリシャ語魔術文書』（第七巻第四二三・四二八章）にあります。囮捜査が行われていたという件はエピクテトスの『語録』（第四巻第一三章第五節）に記載がありますが、そうした取り締まりが一般的だったかどうかは定かではありません。皇帝は民衆が自分に媚びていて、彼らが面と向かって言うことを額面通りに受け取っていいわけではないことに気づいていたのかもしれません。

ローマ人は贅沢することについてやや偽善的な見方をしていました。帝国がもたらした恩恵を躊躇することなく受け入れ、莫大な金額を費やして快楽にふける一方で、もはや伝説となったローマの最盛期を懐かしみ、繁栄がもたらされる以前にローマ人の誰もが持っていた純朴な価値観を崇めていました（このことについてのマルクスの見解は主にリウィウスの『ローマ建国史』第三九巻第六章と大プリニウスの『博物誌』第九巻第五八章第一一七‐一一八節の記述に基づいています）。こうした心の葛藤は、かつてその類まれな強靭さで帝国を築き上げたローマ人が、その結果としてもたらされた贅沢におかされ、すっかりひ弱になってしまったことへの漠然とした不安を投影しているように思えます。

キケロは『友情について』のなかでローマの上流階級の人々がいかに友情を大切にしていたかについて詳しく書いていますが、当時は社会階層を超えて友情が育まれることはありませんでした。キケロ自身は高等教育を受けた奴隷のティロ（新人の剣闘士の呼称と偶然にも同じ名前です）を解放し、手紙を送るときも自分と対等の立場として扱っていましたが（ただし、ときには鞭で打つぞと冗談めかして脅すこともありました）、これはおそらくは例外的だったと考えられます。ローマの社会階層ははっきりと分かれていて、パトロヌス（保護者）とクリエンテス（被護者）という関係が根づいていたこともあり、異なる階級に属する人同士の間に友情が芽生えるのは難しい状況でした。マルクスが紹介している裕福な老友の生活は小プリニウスの『書簡集』（第三巻第一書簡）を参考にしました。農作業をしながら独裁官としても名声を博したキンキナトゥスは理想の指導者として語り継がれており、アメリカ大統領のジョージ・ワシントンがキンキナトゥスにたとえられることもあります。セネカは読みもしない書物を大量に収集する人々を批判し（『心の平静について』第九巻）、どんな運命も受け入れるストア哲学の考え方を推奨しています（『書簡集』第四八巻第七‐八書簡）。

第5の習慣

健康に生きる

人生で望むべきものが一つだけあるとすれば、それは健全な肉体に宿る健全な精神である。健康で活力に満ちた人は医者いらずで、マッサージも塗油も無用だろう。健康であれば、田舎の領地を訪問することも、都市に戻ってきて事業に取り組むことも自在にでき、生活は変化に富んだものになる。頻繁に船を漕ぎ、狩りをし、運動しても、その都度休息しなくすむ。動かずにいると身体が衰えて早いうちから老化が始まってしまうが、常に鍛えていれば体力がつき若々しさを保っていられる。多くのローマ人に共通する特徴があるとすれば、それは活力に満ちているということである。われわれは生まれた町にとどまっていることをよしとせず、外へ外へと勢力を拡大し、今日の大帝国を築いた。あなたもわれわれに倣えば活力に溢れた暮らしを送ることができるはずだ。この章ではその極意を伝授しよう。

わたしは二八歳のときから決まった生活習慣を貫いている。その頃わたしは医者の著作を丹念に読み込んで、健康を保つ秘訣があることに気がついた。それ以来、自分で定めた方針を頑なに守っていて、ほんの数回微熱を出したほかは、病気ひとつしたことがない。わたしの生活習慣は六つの基本要素に基づいている。どれもそれぞれ健康によいことばかりだが、組み合わせることによって病気知らずの体になる。その基本要素とは、**食事、運動、生活環境、睡眠、**

心をすこやかに保つこと、何事もほどほどを旨として調和を保つことの六つである。体には本来自然の力が備わっていて、今何が必要なのかもおのずとわかるようになっている。だがその声に耳を貸さなければ自然はその力を発揮できない。

体の内にある自然の力を知り、その自然と調和して生活すべきである。人間の体はさまざまな液体が集まってできている。主なものは**黒胆汁、黄胆汁、血液、粘液**の四つだが、ほかにも汗、精液、尿、唾などがある。基本的には体内でこれらの液体のバランスが崩れると病気になる。ただし、ほかにも体調を左右する特徴がある。痩せているか太っているか、体温が高いか低いか、体が潤っているか乾燥しているかといったことだ。便がいつも軟らかい人もいれば、かたい人もいる。こうした個人差が四つの主要な液体に与える影響によって、どんな病気になるかが変わってくる。そもそも体内のバランスはおのずと崩れてしまうもろいものなので、その弱点を補ってなんらかの対処をするように努めねばならない。痩せている人は太るようにし、体温の高い人は体を冷やすように心がけ、便秘がちの人は便通をよくする必要がある。自分の体の**いちばん弱い部分**にいつも注意を払うことが大切だ。

食事

食事についてはとくに**食べる量**に気をつけるべきである。きちんと消化できる量は体の大きさに応じて異なる。満腹になるまで食べ続けると消化しきれないことが多くなり、その分肝臓に負担がかかる。消化できているかどうかは翌朝の尿を見ればわかる。早朝は白っぽく、時間が経つにつれて赤みが増していくようであれば、まだ体内で消化活動が行われている証であり、前の晩に食べすぎたということだ。

食事をとるときは最初に少量のセイボリー〔ハーブの一種〕か生野菜を食べるようにする。胃が弱い人はナツメヤシやリンゴから食べ始めるとよい。それから、茹でた肉か焼いた肉を食べるが、肉は消化されにくいので食べすぎてはいけない。とくに老人は一切食べるべきではない。乾燥果実は甘みが強く、やはり消化によくないので避けたほうがよい。デザートも胸焼けのもとになるので、胃が丈夫な人以外は食べないに越したことはない。酒を飲むと胃が膨張するため、目一杯飲んだあとは食べてはいけない。また満腹のときは運動してはいけない。消化を促すために、食事の最後に冷たい水を一杯飲み、食後はすぐに寝ないでしばらく起きているようにするとよい。

誰にでも例外なくいえることだが、ワインは適度に嗜むべきである。飲みすぎると普段は思慮深い人でも怒りっぽくなったり、感情的になったり、攻撃的になったりする。また脳が理性を失って混乱する。ワインは腎臓のはたらきを助けるので老人にはお勧めだが、ただでさえ頭に血がのぼっている若者は飲まないに限る。

痩せすぎの人が太るためには、とにかく体を休めて動かないことだ。昼食後に体に香油を塗ってこすってから入浴するのも効果がある。排便は一日一回だけに制限し、心労を溜め込んだり怒ったりすることを避け、柔らかい寝台で長時間眠るとよい。食事は抜かず、脂っぽい料理を消化しきれる限りたくさん食べるべきだ。体重を増やすという点では剣闘士が手本になる。剣闘士は〝大麦男〟という異名があるように大麦をたらふく食べるが、肉はほとんど食べない。そうすることですぐに体に脂肪がついて大きくなり、試合のときに敵の攻撃から身を守りやすくなる。大幅に増えた体重を支えるために骨も鍛える必要があるので、剣闘士は木灰や動物の骨を挽いた粉末を食事に混ぜて摂取している。

逆に太っている人が痩せるには、空腹時の入浴が効果的だ。塩気を含んだ湯であればなおよい。入浴後は日光にあたって体を乾かすようにする。夜更かしをして睡眠時間を短くし、硬い寝台で寝るとよい。また、あれこれ心配して気苦労を多くし、走ったり歩いたりしてたくさん運動すべきだ。食事は一日一回だけ、酸っぱいものや味の濃いものを食べるようにし、空腹のときは温めたワインを飲むとよい。

食べたものを吐くことや、下剤を使って通じをよくすることにも痩せる効果がある。ただし、好きなだけ食べられるようにするために日常的に吐く習慣をつけてはいけない。下剤は、適量を守って使えば、体を傷つけずに手っ取り早く有害物質を体外へ排出できるが、効き目が強すぎると激しい副作用をまねくことがあるので注意が必要だ。冬は夏よりも体内の粘液の量が多く、そのせいで頭が重く感じられるので、吐くことで体調がよくなる。食べすぎや消化不良で胆汁が出すぎてしまう人は適度に吐いたほうがよい。胸が痛み、重く感じるなら、すぐに吐くべきだ。胸焼けがするときや唾液が多く出るとき、吐き気や耳鳴りがするとき、口の中が苦く感じるときはゆっくり休むに越したことはないが、忙しくて臥台に横たわっている暇がない人は応急処置として吐くとよい。ただし、痩せすぎの人や胃が弱い人は絶対に吐いてはいけない。

食事のあとで吐くには、ぬるま湯をたくさん飲むとよい。これ以上飲めないというときは、塩か蜂蜜を少し加えると飲めるようになる。翌朝になってから吐くようにしたいときは、ワインに蜂蜜かヒソップ〔ハッカの一種〕を加えたものを先に飲むか、カブを食べてから塩を入れたぬるま湯を飲めばいい。それでも胃の調子が落ち着かないときは少しだけ食べ、胃液で喉が傷ついていなければ冷たい水を三杯飲む。それから散歩に行き、入浴し、奴隷に命じて体に香油を塗ってこすらせてから食事をする。ただし食事は、乾燥させたパンとあぶった肉、水で薄めていない渋いワインなどで軽めにすませるべきだ。

声を大にして勧めたいのは**絶食**することだ。数日間は完全に食事を抜き、その後も質素で控えめにするとよい。ワインは飲んではいけない。わたしは絶食中は服装も慎ましくして質素な生活に自分を馴染ませるよう心がけている。生活が順調なときに絶食しておけば、心も体も逞しくなり、不運や災難に見舞われても容易に乗り越えられるようになる。兵士が平時でも戦に備えて訓練を欠かさないように、どんなときも自己鍛錬に励み、困窮することがあっても耐えられる人間にならねばならない。

便通は規則ただしくあることがとても望ましい。そのためには、たくさん食べ、食事中は水分をとり、食後に運動するとよい。長時間同じ姿勢でじっとしていたり、食べる量が少なすぎたりすると便秘になる。便秘になると、腹が張り、めまいや頭痛がするだけでなく、上半身にさまざまな不調があらわれるので、下剤を服用して排泄を促さねばならない。逆に腹がゆるく、しょっちゅう便所に駆けこまなければならない人は、ハンドボールをするなどして**上半身を鍛え**、空腹時に散歩するとよい。また直射日光は避け、入浴はほどほどにするべきだ。煮込みや豆類や野菜は食べず、鹿肉や身のしまった魚、焼いた肉など**体内をゆっくり通過するもの**を食べるようにする。ワインは海水で薄めたものではなく、できるだけ濃厚なものを選ぶとよい。また、冷たい飲み物をなるべくたくさん飲むことだ。体に悪いものを食べてしまったときはすぐに吐き、その後三日間はワインに浸したパンを少しと乾燥ブドウを数粒だけ食べるようにする。食後は体を休め、いつも心を落ち着かせておくべきである。

　腹が張ってどうしようもないときは、冷たいものだけでなく菓子や豆類も一切断つべきである。ひどい口臭はスパイスをたっぷりきかせたワインでうがいをすれば抑えられる。大理石を挽いて粉にしたものを混ぜてもよい。そういえば、こんな冗談を聞いたことがある。口臭に悩んでいたある男が医者に診てもらった。「ほら、先生、のどちんこが本来の場所より下にあるんです」。そう言って男が口を開けて中を見せると、医者は「うわ！」と言って息を止めた。「のどちんこが下がったんじゃなくて、尻の穴が上がってきたんだ」

運動

健康を保つには運動が欠かせない。運動は疲れにくい体をつくるだけでなく、内臓のはたらきをよくし、呼吸を整え、老廃物の排出を促す。ここでいう運動とは、**息が上がる程度に体を動かすこと**をいい、どんな運動をすればよいかは人によって異なる。入浴前に運動場で走ったり重いボールを持ち上げたりしなければ息が上がらない人もいれば、ちょっと歩いただけで息切れしてしまう人もいる。汗をかき、疲れるくらいがちょうどよいが、へとへとになるまでやってはいけない。普通は食前食後に運動するのは避けるべきである。また急に激しい運動をするのもよくない。大切なのは適度に行うことであり、自分の限度を知っておかねばならない。運動しすぎて疲れきってしまったら、翌日は温かい湯に入浴して体を休ませるべきだ。**マッサージ**はとても健康にいいので、できれば毎日受けたほうがよい。

いつでも従軍して戦えるように備えておきたいならば、ローマ軍団の訓練方法を手本とすればいい。まずはほかの兵士と歩調を合わせて早足で**行進**できねばならぬ。戦では前線の兵士が陣形を維持できるかどうかが勝敗を分けるので、この能力はきわめて重要である。最初は五時間で二〇マイル〔約三〇キロメートル〕、最終的には二四マイル〔約三六キロメートル〕進めるようになればいうことはない。若いうちに走りこんで体力をつけておくことも大切だ。体力があれば果敢に攻撃をしかけ、素早く有利な態勢に持ち込むことができる。跳躍力を鍛えておけば、溝などの障害も容易に越えられるようになる。それだけでなく、走ったり飛び跳ねたりしながら敵に攻め入ることができれば、相手はあなたの速さと機敏な動きに目がくらみ、恐怖を覚える。そして応戦する間もなく、あなたの放った槍に刺されて倒れることになるだろう。大ポンペイウス〔共和政ローマ期の軍人、政治家。カエサル、クラッススとともに第一回三頭政治を行った〕もこうした運動を積極的に取り入れ、配下の兵士にもいつも訓練を怠らないように指示していた。

夏は**水泳**の訓練を欠かさないことだ。泳ぎが得意なら、橋を使わずに川を泳いで渡ることができる。市内の中心部より北にあるマルスの野は昔からローマの兵士の訓練場だったが、ティベリス川の川岸にあるので、水泳の訓練も同時に行われていた。実戦では水かさの増した急流を渡らなければならないことがあるかもしれないので、馬も泳げるように訓練しておくとよい。

剣術の訓練も健康な体づくりの役に立つ。訓練では本物の武器の二倍の重さがある木製の盾と剣で武装し、木の杭を敵に見立てて攻撃する。実戦さながらに盾を構えて相手の攻撃を防ぐかのように前後へ身をかわしながら、剣を振りかざして頭部や顔にあたる部分を狙い、脇腹や太腿を斬りつける。これを一日中繰り返し行えば体調は万全になる。剣闘士がこの訓練をいちばん好むのも頷ける。

かつては**木馬運動**も盛んに行われていたが、平和に慣れきった現代では廃れつつある。最初は武器を持たずに木馬に飛び乗る練習をし、それから完全武装をしても乗れるようにしていく。木馬運動の目的は馬の左右どちら側からでも、また左右どちらの手に剣を持っていても馬に乗れるようになることだ。兵士が入り乱れて混乱している戦場では、一度馬からおりて敵を討ち、すぐさま馬上に戻らねばならない場合もあるため、自在に乗りおりできるかどうかは生死に関わる。また、実際に遠征に出るときは武器だけでなく食料も持っていくので、最終的には重い荷物を持ったまま馬に乗れるようにならなければいけない。そのためには、鎧と武器のほかに最低でも六〇リーブラ〔約二〇キログラム〕の袋を持って馬に乗れるようにしておく必要がある。

心をすこやかに保つこと

体だけでなく心も健全に保つことが大切である。そもそも心と体は切っても切れない関係にある。心がすこやかで安定していれば体は健康になり、体が健康であれば心も落ち着く。たとえば怒っているときや不安なときは体温が上がり、呼吸が荒くなる。怒りは狂気と紙一重である。怒っていると人は凶暴になり、相手を蹴ったり、着ているものを引き裂いたりする。ひどいときには扉や鍵といったものにまで怒りをぶつけて、激しく揺すったり、蹴ったり、嚙んだりする人もいる。その様子は飢えに耐えかねた物乞いと大差ない。物乞いはみすぼらしい身なりでわれわれに近づき情けを乞う。だが相手にされないとわかると、擦り切れた靴の革を嚙んでみせることもあれば、自分の頭に釘を打ち込むとか、凍えそうなほど冷たい水に飛び込むといった常軌を逸した行動に出て、周りに集まった人々にひとかけらのパンでもいいからと慈悲を求める。こうした肉体の圧力に屈しないためにも、心を鍛えねばならない。

心が弱く意志薄弱な人は、朝食を食べたあとで**優しく頭部をさする**とよい。頭を冷やしておくためにできることは何でも取り入れ、頭に血がのぼらないように心がけるべきである。肌がけを頭の先までかぶって脳内の温度を上げるような真似はしてはならない。できるなら髪を剃るのがいちばんだ。火に近づくことや温浴はしないほうがよい。強い日差しを浴びながら歩くことは絶対に避けるべきだ。そんなことをしたら脳が間違いなくいかれてしまう。夕食後に月明かりのなかを出歩くのもよくない。脳を冷やすのに最適な方法は**冷水をかぶる**ことである。夏は毎日数分間、頭から冷水を浴びるとよい。ワインを飲むときは頭が重くならないように軽めのものを選ぶ。水で薄めるとなおよい。頭を使うと心が乱れるおそれがあるので、議論を避け、読み書きもしないに越したことはない。

正気を失った人の奇行の数々はわれわれにとっても戒めとなる。どの町にも墓場に住みつき、裸で暮らし、泣き叫び、石で自分を打つようなおかしな貧民が一人か二人はいるものだ。あるとき見た男は自分のことをアトラス〔ギリシャ神話の神。天空を担いで支えている〕だと信じ込み、天空の重さに耐えるように背中を丸めて歩いていた。また、ある女は指を曲げたらこの世が終わってしまうと信じていた。わたしの友人にも、自分の腹の中に蛇が巣くっていると思い込んでいる男がいた。医者は彼をうまく言いくるめて嘔吐させ、吐瀉物の中にそっと毒蛇を入れた。それを見た友人はすっかり回復したが、やがて再発した。今度は蛇が出ていく前に腹の中に卵を産んだと言いだしたのだ。

狂気のなかでも女に特有なのがヒステリーである。体内で子宮が移動するためにおこる病気で、主に処女や未亡人にみられる。子宮が体内のどこに移動するかによって、息切れ、胸の痛み、脚や鼠蹊部の痛み、発作などさまざまな症状を引き起こす。治療するには**子宮をもとの位置に戻す**のがいちばんである。本来の位置より上にある場合、医者は患者の鼻先で悪臭を嗅がせて子宮が下へ戻るように促す。反対にいい匂いの香料を膣《ちつ》に塗ることもある。女の場合、何か隠れた原因があるかもしれないので、その原因を見つければ解決することもある。ある女は夜、横になっていても眠れず絶えず寝返りをうっていた。どの医者も匙を投げたが、ガレノスという有能な医者は彼女がピラデスという意中の俳優の名前を聞くといつも脈が速くなることに気づき、**恋の病**だと診断した。

精神を患った者の適切な扱い方については医者によって見解が異なる。鎖につないで**拷問**すべきだという意見が多く、そう考える医者は異常な言動がみられたときは食事を抜くか足枷をつけるか鞭で打つべきだと考えている。急に**驚かせたり**、思いきり**怖がらせたり**するのも効果があるという。医者によっては癲癇《てんかん》患者の手足を縛ることもある。ほかにもイタチとビーバーの睾丸で作った薬を処方する、炎を患者の目に近づける、患者をくすぐるといった方法で症状を抑えようとする場合もある。クリスマスローズは肉体だけでなく心を清浄にするといわれていて、精神病の薬としてよく使われている。一方で、精神を病んでいる患者には優しく接し、精神的な圧力を取り除いてやるべきだと考える医者もいる。気分が落ち込んでいるときは劇場で喜劇を観るとよい。逆に高揚しているなら悲劇を観るべきだ。精神が錯乱するのは頭の中に悪魔が棲みついているからだと考え、魔術の力で悪魔を追い出そうとする人も多い。**悪魔祓いの呪文**があるので、お望みなら試してみるがいい。「願わくば、悪魔よ、そなたが何者であれ、神の御名において退散せよ。サバルバティオティ　サバルバティオウティ　サバルバティオネティ　サバルバルバパイ、悪魔よ、出て行け、二度とこの者に取り憑いてはならぬ」

生活環境

精神が抑圧されるのを防ぐには、すこやかな環境で生活し、働くことである。**室内が明るく、夏は風通しがよく、冬は日当たりのよい**家に住むといい。真昼の直射日光や夜間の冷えた外気に触れてはいけない。川や沼から立ちのぼる靄《もや》を吸い込むと伝染病にかかるおそれがあるので気をつけるべきである。

一日中働きづめで体をいたわる時間をとれないようではいけない。それではみずから進んで奴隷になるのと変わらない。心を落ち着けるには**入浴**がよい。清潔で明るく、ほどよい湯加減の浴場で体を清めている夢を見たとしたら、それは吉兆である。健康な人は事業で成功し、病人は健康になる前兆だといわれている。また入浴は、外傷や潰瘍を癒やす効果もある。ただし度を越してはいけない。肉を茹でると柔らかくなるように、湯につかりすぎると筋肉が弛緩して体が軟弱になる。とはいえ、それでもやめられないのが人間の性《さが》だ。古いことわざにもあるではないか。「風呂とワインと女は体を駄目にする。だがそれらがあってこその人生だ！」

季節の移り変わりに合った暮らしをすることも大切だ。冬はたくさん食べて強めのワインを飲むとよい。パンと肉――できれば茹でたもの――、それに野菜を少し食べると体温が上がって温かくなる。春になったら食べる量を減らし、ワインも水で薄める。肉は量を増やし、焼いたものを食べるようにする。狩りの獲物はこの時期に食べるのが最適だ。夏は体力を消耗するので、たくさん食べ、たくさん飲むように心がけねばならない。いちばん気をつけなければならないのは秋である。天候が不順で体調が不安定になりやすいので、外出するときはきちんと厚着をし、頑丈な靴を履くべきである。また屋外で眠ってはいけない。秋には果物が獲れるが、果物は体に悪いという意見もあるので、食べすぎないほうがいいだろう。

睡眠

睡眠は十分にとらねばならない。都市で暮らしている人や文学の愛好家には虚弱体質の人が多いが、そういう人は前の晩に食べたものが消化されるまで起きてはいけない。どうしても早起きしなければならないときは、用事をすませてからもう一度横になって寝るべきだ。すべて消化しきるまでは、**仕事も運動も事業の集まりへ行くこともやめて一日中でも寝ているほうがよい**。朝は目覚めたあともしばらく横になったまま過ごし、それから冷水で顔を洗う。夏は昼食の前に昼寝《シエスタ》をとる。冬は陽が出ていない時間は寝ているほうがよい。夜間にランプを灯して仕事をしなければならないときは、夕食後に消化のための時間をとってから仕事に取りかかるべきである。

朝なかなか起きられないことで悩んでいる人は、人間とは**そのように創られている**ものであり、自分はただ**人間らしく生きているにすぎない**と言い聞かせるべきだ。夜、その日に成しえたことをすべて思い返し、どれだけ自分を向上させられたか自問してから眠りにつくとよい。悪習慣をどれだけ断ち切ることができたか自分に問うのだ。内省をしてから床につけばぐっすり眠れるはずである。心が穏やかだと深くて心地よい眠りになる。わたしも毎日欠かさず内省するようにしている。奴隷が灯りを消し、妻が寝入ったら、一日を振り返り、成果を自己採点する。その際は自分に甘すぎず、かといって厳しすぎないように心がけている。

何事もほどほどを旨として調和を保つこと

健康とは**釣り合い**がとれていることである。すなわち、あらゆることが体と適度に調和を保っている状態である。何事も行きすぎはよくない。食事は多すぎず、かといって少なすぎず、体に栄養が十分に行き渡り、きちんと消化できる量にすべきである。もしも何かで度を越してしまったら——それが食事でも入浴でも性交渉でもワインでも——必ず適度に戻すべきである。何かを過度に行ってしまったときには逆の行動をとれば適度な釣り合いに戻すことができる。たとえば働きすぎたら休息し、飲みすぎたら禁酒するといった具合だ。自然は健康を保つ術を知っているが、自然の力を発揮できるかどうかはわれわれ次第である。自然と調和した生き方は誰もが学べる能力である。その能力を身につければ、いくつになっても健康に暮らすことができる。

生活習慣を変える場合も徐々に変えていくべきである。何もせずに長時間横になっていたのに急に激しく動きだしたら体が驚いてしまう。それと同じで、体を動かすことに慣れていないにもかかわらず過酷な肉体労働をせざるをえなくなったときは、仕事を終えたあとは何も食べずに床につくほうがよい。口の中に苦いものを感じ、便通が悪いようならなおさらだ。普段はあまり陽にあたることがないのに、日光を浴びすぎて火照ってしまったら、すぐに浴場へ行くべきだ。頭と体に香油をかけ、温かい湯につかり、奴隷に命じて頭の上からたくさん水をかけてもらうとよい。

基本的な治療方法を知っておく

健康を保つほうが病気になってから治療するよりもずっと容易だ。それでも病気になってしまうことはあるので、よく効く治療法をいくつか教えておこう。胃に痛みがあるときは、何かを朗読して声を出し、散歩し、上半身を使う運動をするとよい。それから空腹のときに温めたワインをストローで飲み、食事は軽めにして一日二回に減らす。顔色が悪い、体が衰弱している、胸に痛みがある、わざとではなく嘔吐してしまうなどの症状がみられるのは、胃が弱っている証拠である。これらの症状がないならば胃は健康だと思って差し支えない。

腱や**靭帯**が痛むときは、痛みのある箇所をできるだけ動かすようにする。痛みが増さないようであれば、さらに激しく動かすか、冷やすとよい。痛みが強い場合は新鮮な空気を吸って休息するのがいちばんだ。狩りの獲物の肉は消化を鈍らせるので食べてはいけない。どこを負傷しているにせよ消化不良は体に悪影響を与えるからだ。

自分の体の弱みを自覚しておくべきである。消化の良し悪しが誰でも同じではないように、熱や冷えが体に与える影響も人によって異なる。一般的には老人や痩せている人、怪我をしている人、膀胱や子宮や生殖器など下半身に問題がある人にとって冷えは大敵である。冷えると血色が悪くなり、肌がくすんでかたくなる。冷えによっておこる症状は体を温めることで緩和できる。温かくすれば血色がよくなり、排尿が促される。ただし温めすぎは体に悪い。腱が弱くなったり胃の動きが停滞したりするだけでなく、眠りを妨げる。また、汗をたくさんかくことで体力を消耗し、疫病にかかりやすくなる。逆に体を冷やすと頭が冴え、消化が活発になるという利点もあるので、若い人や太っている人は体を冷やすほうがいい。

あなたが住んでいる地域で**疫病**が流行しないとは限らないので、予防法を挙げておく。できれば異国へ逃げるのがいちばんだが、それができないならば、外出するときは臥輿《レクティカ》に乗って奴隷に運ばせ、日中のいちばん暑い時間は歩いて外出しないことだ。疲れを溜めないようにし、消化不良にならないように食べすぎに注意する。早起きや裸足で歩くのは避けるべきだ。とくに食事や入浴のあとは裸足で歩いてはいけない。嘔吐は絶対にしてはいけない。便通はゆるいよりは滞るほうがまだいいので、下剤も使わないようにする。一日おきに水とワインを交互に飲む。以上の予防策を守れば疫病にかかることなく健康に暮らせるはずだ。とくに南風に運ばれてくる疫病には効果がある。これらの予防策は、病気にかかりやすい季節に旅に出るときや、不衛生な地域を訪れるときにも役に立つ。

　時と場合によって毒蜘蛛や毒蛇に咬まれることがあるかもしれない。ミトリダテスという著名な医者は薬草で解毒剤を作り、囚人を実験台にして効用を試した。その結果、サソリやトリカブトなどの毒に効く薬草はそれぞれ違うことがわかった。そこで解毒効果のある薬草をすべて混ぜ合わせ、どんな毒も中和できる万能解毒剤を発明した。数年後、ネロ帝〔在位五四〜六八〕の主席侍医であったアンドロマコスはこの解毒剤に乾燥させた蛇の肉を大量に加え、テリアカと呼ばれる解毒剤を作った。なんらかの毒にあたったときは、この解毒剤を毒の量の**四〜五倍**服用すれば解毒できる。また、あなたが暗殺の標的になっていて、不安を感じているなら、この解毒剤を毎日少量飲んで毒への耐性をつけておけば、毒殺されずにすむだろう。

　犬や猿や野生動物に咬まれて傷を負う人も少なくない。どの動物もたいていはなんらかの毒を持っている。傷が軽く、膿んでいないなら塗り薬を塗って傷を保護すればよい。**塩**には解毒作用があり、とくに犬に咬まれたときに効く。膿を出すには、傷口を手のひらで覆い、その手の甲を反対の手の指二本で叩くとよい。ただし狂犬病の犬に咬まれたときは手ではなく盃を使うべきだ。傷が腱や筋肉に達していなければ、傷口を焼いて消毒する。それができないときは出血させて毒を出す。医者によっては、狂犬病の犬に咬まれたらすぐに浴場へ行き、温浴室でできるだけ長く汗をかいて毒を体の外へ出し、傷口にワインをかけることを勧める者もいる（ワインには解毒作用がある）。これを三日間続ければ、危険を脱したと考えてよい。

ときには神の思し召しによって、病気にかかることやその顛末を暗示する夢を見ることがある。わたしの知り合いの男は空から降ってきた槍が足に刺さって怪我をする夢を見た。翌日、彼は夢で槍が刺さったのとまったく同じところを蛇に咬まれ、壊疽《えそ》が進んで死んでしまった。医神アスクレピオスに剣で腹を刺されて死ぬ夢を見た人もいる。その人は現実に腹部に腫瘍ができたのだが、手術を受けて回復した。アスクレピオスは医学の神であり、剣は手術が成功することの暗示だったのだ。また、以前に読んだ話では、病に侵された男がゼウス神殿を訪れ、自分は生きながらえられるだろうかとゼウスに問うた。ゼウスは何も言わず、間違いないというようにただ頷いた。当然ながらその男は翌日に亡くなったのだが、これは驚くべきことではない。ゼウスが頷いたのは下を向いて死者が帰るべき大地を指し示すためだったのだから。

治療を拒む奴隷は仮病を使っている

話は逸れるが、一つ忠告しておく。家内奴隷はよく具合が悪いふりをするので、主人としてはそれが仮病かどうかを見極めなくてはいけない。体に薬を塗って腫れさせることもあるし、咳をし続け、最後に歯茎を噛んであたかも吐血したように見せかけることもある。なかには錯乱したふりをする者さえいる。集会に出頭するように命じられた奴隷が、出頭を免れるために激しい腹痛に襲われたふりをしたという話を聞いたことがある。居合わせた医者が患部に温湿布を貼るように指示したが、その奴隷は治療を受けたがらなかった。案の定、集会が終わった途端に痛みに苦しむふりをやめたので、医者が確認するまでもなく、仮病だったことは誰の目にも明らかだった。

わたしの奴隷にも、よく膝が激しく痛むと訴える者がいた。その若い奴隷はわたしの外出に同行するのが仕事で、いつも走ってついてこなければならないのだが、わたしが遠出をするとわかるときまって痛みがひどくて行けないと言った。ほかの奴隷の話では、その奴隷はある女奴隷と懇ろになっていて、わたしが留守の間その女奴隷と一緒に過ごしたいと思っていたようだ。そのために膝に辛子を塗って少し腫れているように見せるという手の込みようだった。膝に負担がかかることはまったくしようとせず、治療を一切拒んだ。どんなふうに痛むのかちゃんと説明することすらできなかった。鈍い痛みが広がって重く感じるのか、刺すような痛みなのか、ずきずき痛むのか、あるいは引き裂かれるように痛いのかまるでわからないのだ。だいたい、本当に痛みがあるときは痛がる素ぶりすらできないものだし、耐えきれないほど痛むならどんなにつらい治療でも受けたいと願うはずだ。どうということのない治療すら拒むのは、嘘をついているからにほかならない。

頼りない医者より伝統ある家庭療法

以上の医術にまつわる助言はほとんどがギリシャ人の医者から聞いた知識をもとにしている。だが安易に医者にかかるべきではない。なにしろ料金が高い上、医者によって診断もまちまちだからだ。だいいち、人命救助を掲げて金稼ぎをするような連中をなにゆえ信頼しなければならないのか。どこにでもいるような人間が医者を名乗ったとしても、薬さえ持っていればわれわれはあっさり信用してしまう。当の医者ですら効果があるかわからない治療に、治るかもしれないという一縷の望みを託してしまうのだ。それでは医者の儲けのためにみずから命を危険にさらすようなものだ。仮に治療中に死んだとしても医者は何の咎めを受けることもない。そんな不確かなものに頼るより、古くから伝わり、家庭で施すことができ、なおかつずっと安価な方法がある。そのほうがいいと思うなら、これから述べる家庭療法を覚えておくとよい。

運悪く**骨折**してしまったら豚の顎の骨を灰にして骨折した部位を覆うとよい。豚の脂を茹でて塗ってもいい。どちらもてきめんに効果がある。わたしが経験した限りでは、肋骨が折れたときには山羊の糞をワインで煮たものがいちばん効く。田舎の領地の奴隷に命じて春に豚の糞を集め、乾燥させておくとよい。その糞を酢で茹でると傷薬ができる。とても効き目があり、戦車競走で落下して轢かれた御者の傷も癒やせるほどだ。粉薬だが水に溶かすと飲みやすくなる。みずから出場するほど戦車競走を好んだネロ帝も毎日飲んでいたという。ほかの御者と同じ薬を飲むことで、自分もれっきとした御者だということを誇示したかったのだろう。

癲癇の治療には熊か猪の睾丸に雌馬の乳を混ぜて食べるとよい。猪の尿に蜂蜜を混ぜたものも効果があり、猪の尿はあらかじめ死んだ動物の膀胱の中で乾燥させておくとなおよい。塩漬けにして保存した野兎の肺に乳香とワインを加えたものや、ロバの脳を燻製して蜂蜜を加えたものも薬になる。発作がおきそうになったら、雄の仔を生んだばかりのロバの後産の匂いを吸い込めばおさまる。その月の最初か二番目の日に黒毛の雄ロバの心臓を食べることや、そのロバの血に酢を加えて四〇日間飲み続けるとよいという人もいる。精神の錯乱をなだめるには、鍛冶職人の作業場で熱した鉄を入れていた水で、ロバの尿を薄めて飲むとよい。ほかにも患者をまっすぐ立たせて、山羊のスエット〔腎臓の周囲の脂〕を同量の牛の胆汁で煮た液体を飲ませる治療法もある。

鬱病には仔牛の糞をワインで煮て食べるとよい。何もする気がおきないときは山羊の角か猪の肝臓を焼いて、その煙の匂いを嗅ぐと活力が湧いてくる。肺病を患っている人は、薄口のワインに漬けた狼の肝臓か薬草を与えて育てた雌豚の脂、あるいはロバの肉と肉汁を一緒に食べれば回復する。飼い葉を食べて育った雄牛の糞を乾燥させて燻し、その煙を葦の茎で吸い込むのも効果がある。雌山羊のスエットを入れた粥か、燻製にした雄鹿の肺にワインを加えてすり潰したものを食べると咳止めになる。

関節がはずれたときは猪の糞をそのまま塗るか、牛の肉で湿布するとよい。**腫れものができ**

たときは豚の糞に油を加えて陶器の甕《かめ》で温めてから塗ると腫れがひく。皮膚にできた**イボ**は狼の脂を塗って取り除く。**ひりひり痛む傷**には、去勢した牛の糞を熱した灰で温め、塩漬けにした牛のスエットと一緒に茹でたものを塗る。**火傷**には熊の脂に百合の根を合わせるか、豚の毛を焼いて灰にしたものに豚の脂を混ぜた塗り薬が効く。さらに雌山羊の糞を入れると傷痕も残らない。雄牛の耳と生殖器から作る塗り薬は万能で火傷にも効く。**棘を抜くとき**は猫の排泄物を使うとよい。もしくは野兎のレンネットを含んだ胃袋〔哺乳類の胃の中にはレンネットという母乳を消化するための酵素があり、チーズの製造に使われる〕に粉末にした乳香と油を混ぜたものや、ヤドリギにミツロウを塗ったものを使ってもよい。

毎月月経があるのは女だけである。それゆえ子宮の中に奇胎と呼ばれるものがあるのも女だけである。奇胎とは不定形の肉片で、子宮内で動きまわり、月経を止め妊娠を妨害することがある。腸があまりに激しく動いて子宮を圧迫したときなどは、奇胎があるせいで死に至る場合もある。月経中は洗っていない羊毛に牛の胆汁を含ませてあてがうとよい。自然界において女が毎月流す血液ほど不思議なものはない。もし排出された血液がワインに混ざると酸味が強くなる。月経血に触れると農作物は枯れ果て、畑に蒔いた種は芽が出なくなり、果実は木から落ちてしまう。わずかでも月経血を映した鏡は表面がくすんでしまう。ナイフは切れ味が鈍り、蜜蜂は巣ごと全滅し、青銅も鉄もすぐに錆びる。月経血を舐めた犬は狂い、その犬に咬まれて毒に感染すると命は助からない。

子宮の不調は鹿の毛で燻して治療するのがよい。聞いた話では、雌鹿は妊娠すると小石をのみ込むのだが、その石を取り出してお守りとして身につけていると流産を防いでくれるという。子宮に痛みがあるときは、狼の肝臓を食べると痛みが和らぐ。また**出産**を控えた女は狼の肉を食べるとよい。野兎は妊娠中の女性の強い味方である。乾燥させた肺を液状にして飲むと出産が軽くすみ、レンネットにサフランやリーキ〔ネギの一種〕の搾り汁を加えて飲むと後産が楽になる。死産のときはそれをひとかたまり膣に挿入すれば、死んだ胎児を取り出すことができる。

妻が妊娠したときに男児を産むことを望むなら、野兎の子宮か睾丸を食事に混ぜて食べさせるとよい。また、受胎する頃合いを見計らって焼いた仔牛の肉にウマノスズクサを添えて食べさせれば、間違いなく男児を授かることができる。妻が三〇歳を過ぎ妊娠しづらくなったら、野兎の子宮から胎児を取り出して生のまま食べさせれば、ふたたび妊娠しやすい体になる。また若い女に野兎の糞を九粒食べさせれば、その女の胸はずっと張りが保たれる。

雌豚の乳に蜂蜜入りのワインを加えて産婦に飲ませると出産が軽くなる。授乳中に胸が張りすぎてしまうときは雌豚の血で胸をこするとよい。乳首の痛みはロバの乳を飲めばおさまる。子宮に腫瘍ができたときは雌豚のスエットを乾燥させ、紡ぐ前の羊毛に混ぜて湿布すれば治る。また子宮が体外に出てしまうのを防ぐにはバターを注入するとよい。乾燥させたロバの脾臓で胸をこすると母乳がたくさん出るようになる。陣痛の影響でその後妊娠できなくなることを防ぐには、性交渉の前に蛇の脂と銅の錆と蜂蜜を混ぜたものを女の性器に塗るとよい。

先に避妊法をいくつか紹介したが、ほかにも**妊娠を防ぐ**方法がある。助産婦によれば、月経の最中であっても雌山羊の尿を飲むか糞を膣に詰めれば月経を止めることができる。黒毛の野牛に寄生するダニの血を女の性器に満遍なく塗ると性欲を削ぐことができるという人もいる。あるいは雄山羊の尿を飲ませれば――ただし恐ろしく臭いのでナルドの香油でごまかすとよい――女はあなたと交わりたいという気が失せ、妊娠する危険も回避できる。

アスクレピオス神殿を詣でる

ギリシャの医術と伝統療法のほかに、**医神アスクレピオス**を祀る神殿に詣でて治癒を願うという選択もある。アスクレピオス神殿への参拝は古くからある風習で、探せばあなたの家の近くにも神殿があるだろう。神殿で神に祈りを捧げたあとは、敷地内にある至聖所で寝るのが一般的だ。そうすると寝ている間に神が現れ、夢の中で嘆願者に治療を施すか、受けるべき治療についてお告げをするといわれている。神殿の外壁には訪れた人々が自分の病と神が示した治療法を簡単に記した落書きが多く残っている。わたしは以前、蛇のおかげでつま先の炎症が治癒したという男の話を読んだことがある。男はつま先にひどい炎症をおこしていて、神官がその男を神殿の外へ連れ出し椅子に坐らせた。男が眠りにつくと、蛇に化けた神が神殿から這い出てきて男のつま先を舐めた。目が覚めると傷が癒えていて、男は夢の中で美しい若者に薬を塗られたと言った。

わたしも以前アスクレピオス神殿を訪れたことがある。そのときは毎日同じ時間に入浴するように言われた。食べたものをきちんと消化できない夢を見たので神官に相談すると、夜の間に嘔吐するように勧められた。翌晩、夢に神が現れ、奇妙なお告げを授かった。神の言いつけ通りに、南風にあおられて船が遭難しそうなほど波がうねっているときに出港して対岸へ渡り、蜂蜜とドングリを食べて吐いた。次の日には雪に埋もれるように言われ、喜んで言われた通りにした。おかげですぐに体調がよくなり、痛みがなくなった。

魔術に頼る

病を治すにはもうひとつ方法がある。それは魔術だ。ここでいう魔術とは、その月の一七日目か一九日目のどちらかに髪を切ると、禿げることも頭痛に悩まされることもなくなるといった広く信じられているただの迷信とは違い、**あなたに災いをもたらす悪霊を神秘的な力で封じて病を癒やす**ものである。もちろんわたしは魔術など信じないが、なかには信じている人もいるだろうから、いくつか紹介しておこう。もっとも簡単なのはお守りを身につけて邪悪な力を遠ざけることだ。執政官を三度務めたガイウス・リシニウス・ムキアヌス〔帝政期の軍人、政治家〕は目の炎症に煩わされないように蝿を生きたまま捕らえて麻布で包み、首に巻いていた。より深刻な病状の治癒にはもっと複雑な魔術が用いられる。たとえば脱臼全般には次の魔術が効くといわれている。四～五ペース〔約一二〇～一五〇センチメートル〕ほどの長さの青々とした葦を二つに折り、二人の男に持たせて自分の尻のあたりに固定する。そして二本の葦が合わさるまで「モタス　ウアエタ　ダ

リエス　ダルダレス　アスタタリエス　ディスナピテル」と呪文を唱え続ける。それから葦の上でナイフを振りかざすと脱臼や骨折が治るという。歯の痛みには、両手を後ろに組んで雷に打たれた木をかじり、その木片を歯にあてがう。熱を下げるには、罪人や逃亡した奴隷の磔刑に使われた釘を羊毛でくるんで首に巻く。頭痛には**ABRASAX**と書いた真っ赤な羊皮紙で膏薬を作り、頭の側面に貼る。魔術を信じるか信じないかはともかく、念のために誰かに魔術で呪いをかけられて病に侵されないように備えておくに越したことはない。そのためには**お守り**を作って身につけているとよい。交差点で三角形の陶器の破片を左手で拾い、その破片に没薬を混ぜたインクで次の呪文を書く。「アストラエロス　クラエロス、われ（ここに自分の名前を入れること）に向けられたあらゆる魔術の力を奪いたまえ。その名を聞いて今まさに風が吹き、その名の響きによって今まさに岩が砕かれる、偉大で恐れおおき御名にかけて祈り奉る」

解説

現代に生きるわたしたちは、ありとあらゆる症状に対して驚くほど高度な治療を受けられる医療制度に恵まれています。古代の人々もわたしたちと同じように健康を気にかけていましたが、治療技術が限られていたため、治療よりもまず健康を保つことに重きを置いていたようです。健康や病気についても現代とは異なる考え方をしていました。

古代の医術書は、紀元前三七五年ごろに亡くなったとされるコス島のヒポクラテスが著した初期のものから、時代が下ったローマ帝政期のアレタイオス、カレリウス・アウレリアヌス、ケルスス、そしてマルクス・アウレリウス帝〔在位一六一～一八〇〕の侍医を務め、三五〇以上もの著作を遺したといわれるガレノスのものにいたるまで実にたくさんあります。当時はたいていの医学者が人体は四種類の体液、すなわち黒胆汁、黄胆汁、血液、粘液によって保たれていると考えていました。これはヒポクラテスが『人間の自然性において』で主張した説で、その後の医学に大きな影響を与えました。この説では、体内の温度と水分量の違いが四つの体液のバランスに影響し、それによってどんな病気になるかが異なるとされています。ですが、多くの医学書に共通しているのはこの大前提だけです。古代の医療市場は競争が激しかったため、医者たちは独自の治療法を考案して患者を獲得しなければなりませんでした。病気や治療法に対する見解は医者によってまちまちで、同じ〝学派〟として一括りにされる考え方もきちんとした分類に基づくものではなく、おおよそ似たような立場を取っているというだけにすぎませんでした。方法学派と呼ばれる医者は病気の原因を緊張、弛緩、その両者の混合に大別し、診断を単純化しました（この一派はメソジストと呼ばれますが、キリスト教のメソジスト派と混同しないように方法学派としておきます）。それに対して経験学派の医者は、症状は患者によってさまざまであり個々の患者に応じた治療をすべきだと考えていたので、方法学派の説を画一化しすぎだと批判しました。また、合理主義的医学の立場に立つ医者は表面的な症状の裏にある原因を理解することが必要だと考えていました。

こうした医学理論はギリシャから伝わったものであったため、そのことを理由に信用しないローマ人が大勢いました。大プリニウスは『博物誌』のなかで、家長が施す家庭療法の例をたくさん紹介していて、とくに第二八巻第九章には多くの事例が記載されています。ローマの人々は、身近な動物の糞や体の一部などどこの家でも簡単に入手できるものを使って病気の治療をしていたので、わざわざうさんくさいギリシャ人の医者に世話になることはないと考えていたのです。

アエリウス・アリスティデスの『聖なるロゴス（The Sacred Tales）』は、病気の症状と夢の中で神にお告げを受けた治療について数十年間にわたって仔細に書き記した日誌で、アスクレピオスを熱心に信奉する人の心理が垣間見え、とても興味深いです。ほんのわずかな体調の変化にも一喜一憂して延々と書き連ねてあり、現代の超健康オタクよりもはるかに健康に対して神経質だったことがうかがえます。病の治癒を願ってアスクレピオス神殿を訪れた人々にとって神官医師団が手厚く治療にあたってくれることは一種のプラシーボ効果があり、そのおかげで症状が回復するケースも少なくなかったことは容易に想像できます。

古代ローマの医療行為を、医術、伝統的な家庭療法、宗教的療法と単純に分類することはできません。アスクレピオス神殿には専属の医師がいましたし、医学と神話に基づく治療がまったく相容れなかったわけではありませんでした。たとえばガレノスは父親が夢でアスクレピオスのお告げを受けたのをきっかけに医学の道に進みました。のちにローマ帝国が現在のドイツに侵攻したとき、ガレノスはアスクレピオスに夢で遠出すべきではないと告げられたと言って、まんまと従軍を免れたこともあります。

本章の内容はほとんどがガレノスの著作とケルススの『医学論』に基づいています。セネカは『書簡集』(第一八書簡)で断食することの利点について記しています。ウェゲティウスの『軍事論』(第一巻)にはローマ軍団の新兵が受けた軍事訓練について書かれています。それによると、新兵が背負っていたリュックサックは六〇リーブラ、すなわち二〇キログラムの重さがあったようです。古代ローマの人々が精神の健康についてどう考えていたかは拙著『古代ローマの大衆文化(Popular Culture in Ancient Rome)』(第二章)を参考にしてください。飢えから自傷行為をする男の話はヨハネス・クリュソストモスの「コリント人への第一の手紙についての説教(Sermon on the First Letter to the Corinthians)」(第二一巻第五・六章)(『ギリシア教父全集』第六一巻第一七七・一七八章所収)にあります。新約聖書の「ルカによる福音書」第八章第二六・二九節には悪霊に取り憑かれ街はずれで孤独に暮らしていた哀れなゲラサ人について書かれています。『ギリシャ語魔術文書』(第四巻第一二二七・一二六四章)には悪霊を追い払う呪文が記されています。病気の治療に用いられた魔術については、大カトの『農業論』(第一六〇巻)、大プリニウスの『博物誌』(第二八巻第一一章第四五・四六節)、『ギリシャ語魔術文書』(第七巻第二〇一・二〇二章および第三六巻第二五六一・二五六四章)を参照してください。病気の夢を見ることについてはアルテミドロスの『夢判断の書』(第五巻第五九章、第六一章、第七一章など)に記載があります。

第6の習慣

神々の加護を受ける

ローマに成功をもたらしたものは何か。それは自らを奮いたたせる勇気であり、勝利への飽くなき欲求であり、一家をまとめ導く能力であることは間違いない。だがそれもすべて神の加護があってこそ発揮できたものである。あなたもローマ人に匹敵するような成功を収めたいならば、神を引き寄せ、いつも守護してもらえるようにせねばならぬ。この章ではパンテオンに祀られている神々にどのように祈りを捧げるか、お告げをどう解釈するか、神の力を借りて敵を粉砕するにはどうすればよいかを教える。

正しい儀式と祈りのことばを知る

神に呼びかけるには何と言えばいいだろうか。ちっぽけな人間が助けを求める声に気づき、応えようという気にさせるにはどうすればよいのか。いちばんの決まり文句はこうだ。**「奉仕と引き換えにご加護を」**。そしてそのことばを裏づけるように、祈りや誓いや生贄を捧げて絶えず行動で示すことだ。そうすれば神々は喜び、あなたに代わって困難な状況を打破しようと手を差し伸べてくれるだろう。無論、神がいつでもあなたの願いに耳を傾け、捧げたものに返礼をするとは限らない。だが、いつも忘れることなく神を崇め続けていれば、いつか必ず奉仕の報いとして恵みがもたらされる。双方の得になるこの弱者と強者の関係こそが地上のみならず全宇宙の生命を生かす力なのである。

生贄を捧げたいときや神の御心を知りたいと思ったときには、状況に応じた正しい儀式と祈りのことばを用いなければならぬ。幸運を願うとき、救済を求めるとき、不幸を追い払いたいときなど願いによって祈りのことばは異なる。

とくに領地では正しい方式にのっとって祈りを捧げることがきわめて重要である。スペルト麦、小麦、豆、大麦などを収穫する前には豊作の女神ケレスに豚を生贄として捧げなければならない。そして双面神ヤヌスに焼き菓子を供え次のように唱える。「父なるヤヌスよ、ここに焼き菓子とワインを供え奉る。願わくはわれとわが子、わが家と家族に慈悲をかけたまえ」。続いて主神ユピテルにも焼き菓子を供えて、同じように祈りのことばを捧げる。それから豚の内臓を取り除いて同じく神々に捧げ、さらに多くの焼き菓子とワインを供える。

森林の間伐をしたいときも豚を捧げて次のように祈る。「いかなる神にこの森が奉られていたにせよ、間伐によって得られるわれらの恩恵の報いとしてここに生贄を捧げる。この豚をもって、願わくはわれとわが子、わが家と家族に慈悲をかけたまえ。どうかこの豚をおさめたまえ」。土地を耕す前にも同じように生贄を捧げなければならないが、そのときは「つつがなく作業を進めるために」という文言をつけ足すのを忘れないように。この儀式は耕作をするあいだ毎日続けねばならない。もし一日でも忘れてしまった場合や間に公休日が挟まった場合には、新たに生贄を捧げて一から始める。また、新しい土地を開墾する際の儀式では、あとから生贄として捧げる豚や羊や牛を開墾する土地に連れてきて、祈りのことばを唱える。「ここに捧げる生贄の報いとして、われらに成功をもたらし、わが農場、わが領地、わが土地を清めたまえ」。ヤヌスとユピテルにもワインを供えて同じように祈る。さらに軍神マルスに「父なるマルスよ、願わくはわが土地から病と不毛と破滅を追い払い、作物に豊かな実を結ばせ、多くの収穫をもたらしたまえ」と祈りを捧げる。生贄の動物を殺すときは次のように唱える。「この一太刀をもって、供物をおさめたまえ」。生贄の内臓を調べ、肝臓がきれいでないときは吉兆とはいえないので、こう唱える。「父なるマルスよ、この貢ぎ物がお気に召さないならば償いとして新たな生贄を捧ぐ」。そして、一頭で満足のいく成果が得られないときは、**望み通りの結果になるまで**同じ種の動物を**繰り返し**捧げ続けなければならない。

適切な神に祈り、儀式を執り行う

数々の祝祭もきちんと執り行わねばならぬ。ロービーガーリヤはさび病の神ロービーグス（女神ロービーゴーという説もある）の気を鎮める祭りである。毎年四月に行われるのは、麦の穂が出る時期にこの神のもたらす災い、すなわち穀物の病が顕著になるというもっともな理由からである。祭りでは生贄となる犬の内臓、または羊の内臓を火にくべて祈りを唱える。「粉を吹くさび病よ、われらの穀物の葉を侵すなかれ、この地に新穂をたくさん揺れさせたまえ」。

それから火にくべた動物の内臓に香料とワインをかける。

毎年二月にはルペルカリア祭が催される。またの名を狼祭というが、なぜそう呼ばれているのかわたしも定かには知らない。ただ、今日ローマがあるのは建国の祖である名高きロムルス王と双子の弟レムスに乳を与えた雌狼のおかげであることは確かだ。祭では狼の使徒と呼ばれる男たちが、ロムルスが赤子のときに捨てられたといわれている場所を出発点に市内を駆け巡る。ただ、その後に続く習慣はどうにも理解しがたい。狼の使徒たちが一頭の犬と複数の山羊を無残に殺し、その血で二人の若い貴族の額を汚してから、すぐに乳で湿らせた羊毛で拭きとる。二人の若者は汚れをぬぐってもらったら笑わなければならない。それから二人は山羊の皮を紐状に裂き、裸で市内を走り回りながら、出くわした人を残らずその皮で打つ。それでも誰も逃げようとはせず、新婚の若い女はむしろみずから進み出て打たれようとする。打たれることで子宝に恵まれ、また安産になると信じられているからだ。

活動の数と同じだけ儀式がある。それゆえ何を成し遂げたいのかに応じてそれぞれにふさわしい形式で神に祈らねばならない。神々も星の数ほどたくさんいて、名前を全部書き記したらそれこそ一〇巻もの書物になってしまうほどだから、しかるべき神を**選んで**願いを託さねばならない。たとえば田舎では農地はルシナに、山々はユガティヌスに捧げられ、高原は女神コッラティナ、渓谷はウァロニアがそれぞれ守護する。穀物にまつわる神では、発芽する前の種をセイアが、芽が出てからはセゲティアが守る。プロセルピナは種を芽吹かせ、ノードゥトゥスは幹に節をつくり、ウォルティナは穀物の実を包む莢を守る。フローラは花を咲かせ、女神マトゥータは実を熟させる。刈り入れはルンキナが見守り、収穫された穀物はトゥティリナが安全に守る。ほかにもさまざまな神々がいる。こうした特定の役割に十分留意してその時々に応じてどの神に祈りを捧げるべきかを知り、**しかるべき時にしかるべき作法で正しい儀式**を行わねばならない。家の玄関一つをとっても、扉の神フォルクルス、蝶番《ちょうつがい》を守るカルディナ、敷居の神リメンティヌスの三柱がそれぞれ別の役割を担っている。

ウェスタの処女となった者は純潔を守る

わが国の神官の長である最高神祇官は絶大な権力を握っている。もともとはティベリス川にかかる木製の橋を保守する任務を負っていたため〝橋を架ける棟梁〟と呼ばれるが、最高神祇官をはじめとする聖職者には神と人間の架け橋を守るというもっと重大な使命がある。ローマ市民や公職にある者の間で信仰にまつわる諍《いさか》いが起こったときは彼らが裁決をくだすことになっている。神々を崇める儀礼をきちんと執り行うことについての法を定め、公職にある者や聖職者が信仰上の責務をきちんと果たしているか調査し、神聖な法にのっとって儀式がきちんと執り行われるように監視するのも彼らの仕事である。神を崇拝することにまつわるあらゆる事柄の判断は彼らに委ねられており、定めにそむいた者を冒涜の度合いに応じて罰する権限を持つ。彼らは信仰上のことで罪に問われることも罰せられることもなく、また元老院の指図を受けることもない。

ローマでもっとも聖なる地位にある彼らは同じくもっとも聖なる立場の女性、すなわち六人の**ウェスタの処女**を選ぶ責任も負っている。もしも自分の娘にその名誉を授けたいなら、選考基準を知っておくとよいだろう。選ばれるのは六〜一〇歳の少女で、両親が健在であること。言語障害や聴覚障害がなく、五体満足で健康であること。両親は奴隷だったことがなく、肉や魚の販売、役者といった卑しい仕事に就いていてはいけない。また父親はイタリア半島内に居住していなければならない。

従来は最高神祇官の一存によって二〇人の候補者が選ばれ、最終的にはくじ引きで決めていた。だが近年では選考の必要はなくなりつつある。それなりの地位にある父親が娘を推薦し、志願した娘が信仰に関する法に違反していなければ、最高神祇官はその娘を任命してよいことになっている。ウェスタの処女に任ぜられることはとても名誉なことであるため、みずから名乗りをあげる者があとを絶たないので、無作為に選ぶ必要がないのだ。

任ぜられた少女はすぐにウェスタの家に連れていかれる。ウェスタの家はフォルム・ロマヌムのはずれのパラティウムの丘に面した場所にあり、少女はそこで最高神祇官に引き合わされる。神に仕える身になることの象徴として、最高神祇官が少女の手を取り、戦争捕虜を捕らえるときのように父親から引き離す。その瞬間、少女は父親の庇護の下を離れ、自分の意志を持つ権利を得る。そして最高神祇官が宣言する。「ウェスタの巫女となるための法的要件をすべて満たし、ローマの民のためにウェスタの巫女に許されたあらゆる奉仕をすべき者として汝を認める」。ウェスタの処女は女神の神殿で暮らし、日中は誰でも中に入って彼女たちに会うことができる。ただし夜は男が神殿に出入りすることは禁じられている。ウェスタの処女は三〇年間結婚せず純潔を保つことが義務づけられ、生贄を捧げるなど聖なる法が定める儀式に携わる。最初の一〇年はさまざまな役目を学び、次の一〇年は巫女として奉仕し、最後の一〇年はそれまでに培った知識を新人の巫女に伝授する。そうして三〇年に及ぶ奉仕を終え、ヘアバンドなどの立場を示す装いを解けば自由に結婚することができる。なかには実際に神殿を去って結婚する者もいたが、無残な最期を迎えることが多かった。それゆえたいていの者は女神を捨てると罰があたると考え、純潔を保ったまま一生神殿で奉仕し続ける。

　そもそも、ウェスタの処女であることはとても名誉なことなので、結婚し子供を産みたいと願う者はほとんどいない。その名誉にふさわしく清廉潔白であることが求められていて、決まりを破ると厳しい処罰が待っている。不正行為が疑われた場合は神官が直々に調査し、罰を与える。軽度の罪は鞭打ち刑ですむが、姦通の罪を犯し聖職の名を汚したときはこの上なく屈辱的で惨めな死罪に処せられる。死刑宣告を受けた巫女はまだ生きているうちから厳粛な葬儀さながらに死装束をまとい、棺台に載せられ、涙にくれる家族や知人を従えてコッリーナ門〔ローマ市を囲むセルウィウス城壁の北端にあった大門〕のそばの地下牢へと移送される。臥台とランプとわずかな食料が載った食卓が一つあるだけの狭い地下室の前に着くと、最高神祇官が両手を天に掲げて祈りを捧げ、罪を犯した巫女を死刑執行人に引き渡す。執行人に促されて巫女が地下牢に入ると梯子が引き上げられる。そして地下牢の入口は周囲の地面と同じ高さになるように土で埋められ、巫女は独房の中で死を待つのみとなる。

わたしはかつて年配のウェスタの処女が皇帝の命で不運にも断罪される場面を見たことがある。彼女には不貞の疑惑がかけられていたが、われわれは無実だと信じていて、その死に様を見ても彼女は潔白だという思いが強くなるばかりだった。地下牢に降りていくときも自分は潔白であるという威厳を全身で示していた。途中で梯子に引っかかった裾をなおそうと振り返ったとき、執行人が手を差し伸べたのだが彼女は嫌悪感をあらわにして拒絶した。純潔で貞淑で神聖な身に——事実そうだったのだが——汚《けが》れた者が触れるなど許してなるものかと突っぱねたのだ。そして気品に満ちた態度で生き埋めになるために地下牢へ降りていき、礼を尽くして気高く死んでいった。

ところで、ウェスタの処女が不貞をはたらいたことはどのように明るみに出るのだろうか。女神みずからの思し召しで、神殿で永遠に燃え続けるはずの聖火を消して知らせることも少なくない。この聖火が消えることはローマ市の滅亡を示唆する凶兆といわれているため、人々は火が消えることを何よりも恐れている。規律に違反した巫女が先ほど述べたように処罰されると、ふたたび神殿に火が灯され、女神の怒りを鎮めて秩序を取り戻すためのさまざまな儀式が行われる。

神の意思を無視しない

わが国がこうした信仰上の事柄に重きを置く理由は明快である。神々は**われわれが満足させた分だけわれわれを守護する**からだ。神を喜ばせることができれば、その分さらなる成功にあずかることができる。ローマが世界を支配しえたのはひとえに神のご加護によるものであり、われわれが権力の座に君臨し続けられるかどうかは神がそれを望むかどうか次第なのである。

ローマが周辺地域を征服することにも神々は密接に関わっている。たとえばシリアの王アンティオコスとの戦を前に元老院がユピテルに捧げ物をして勝利を祈願したときには、最高神祇官が次のように誓いを述べた。「ユピテルよ、われらがアンティオコス王との戦に勝利するならば、ローマの民はあなたを讃えて一〇日間に及ぶ奉納競技会を催し、あなたを祀るすべての神殿に多額の奉納金を納めるであろう」。そして軍団が敵地に近づくと、従軍している神官が敵の神々に対し、「この地を略奪するにあたっては、あなたがたの威厳を損ねることなく丁重に扱い、戦が終わったあともあなたがたを崇め続ける」と約束してローマ人を守護するように**寝返り**を促す。滅びゆく弱小国家の崇拝の的であり続けるよりも、強大な力を持つローマ人に信仰してもらうほうが神々にとってもどれほど魅力的であるかは言うまでもない。ゆえに神官たちはこう言って敵の神々を説得するのだ。「この町の人々を守護している神あるいは女神よ、ここに謹んで祈りを捧げる。願わくはこの町と人々を見捨て、建物も神殿も家々も捨てて、この地の民に恐怖を与えたまえ。ローマへ来られよ！　ローマ市と神殿のほうがはるかに快適であり、ローマ人はあなたを手厚く信奉する。その差は歴然であろう。もしもこの願いを聞き入れるならば、神殿を建立し奉納競技会を催してあなたを讃えることを誓う」

戦を始める前には吉凶を占う。ローマ軍団がサムニウム人を制圧した戦いでは、兵士たちは戦が始まる前から、天はローマに味方していて勝利は間違いないと確信していた。だが総指揮にあたっていた執政官は神の加護がどのくらい得られるか知ることの大切さを心得ていた。そこで鳥卜官《アウグル》に命じて聖なる穀物を聖なる鶏に与える鳥占いをさせた。自身も血気盛んな雰囲気にのまれていたアウグルは、鶏が穀物をついばまなかったことが信じられず、執政官には鶏が嘴から穀物が溢れるくらい頬張って食べたと偽りの報告をした。報告を受けた執政官は歓喜し、これ以上ないほどの吉兆だと全隊に知らせて、戦の準備を始めるように指令を出した。

ところが、アウグルの占いを目撃していた騎兵隊の兵士が何人かいた。彼らは本当のことを執政官に告げたが、執政官は心配は無用だと答えた。「それが事実だとすれば天罰は偽りの報告をしたアウグル本人にくだる。わたしは鶏が盛んに食べたと正式に報告を受けただけであり、ローマ軍団にとってこれ以上の吉兆はない」。そして執政官は当のアウグルを前線に配し、出陣の合図をした。そのとき一羽の烏《からす》が執政官の目の前に降り立ち、はっきりと聞こえるように一声鳴いた。執政官はこれを幸先のよい前兆と受け止め、いまだかつて神々からこれほどまでに加護を受けたことはないと宣言すると、進撃ラッパを吹かせ、勝鬨をあげよと命じた。ローマ軍がサムニウム人を打破して勝利を収めたことは言うまでもないが、嘘をついたアウグルは乱闘のさなかで傷を負い絶命した。

神の意思を無視してはならない。クラウディウス・プルケ〔共和政ローマ期の軍人、政治家〕はシキリア沖での海戦を前に鳥占いを行ったが、鶏は穀物をついばまなかった。怒ったクラウディウスは餌を食べないのなら水を飲むだろうと言って聖なる鶏を海へ投げ入れた。そして敗戦を喫した。ときには占いによって苦渋の決断を迫られることもある。執政官のデキウスはウェスウィウス山の麓で戦に備えて生贄を捧げた。神官が犠牲となった動物の内臓を調べたところ、幸先はよいが司令官が命を落とすという前兆がみられた。それを聞いたデキウスは「ならばそうなるであろう」とだけ言い、確かな勝利と確かな死に向かって軍を進めた。

シビュラの書を大切にする

はるか昔、まだ王がローマを統治していたころ、神はある幸運の印をローマに授けた。それ以来、その幸運の印はローマをあらゆる災難から守り、今日に至るまで恩恵をもたらしている。それはある日のことだった。タルクィニウス王のもとをシビュラという異国の女が訪れ、神託が書かれた九冊の書物を買わないかともちかけた。王が申し出を断ると、女は立ち去って三冊を燃やし、すぐに戻ってきて残りの六冊を同じ値段で買うように言った。王はこの女は頭がおかしいのではないかと訝しみ、このときも追い払った。すると女はさらに三冊を燃やし、残り三冊となった書物をやはり同じ値段で買えと迫った。王は困惑し、神官を呼び寄せた。すると神官はすぐにこの書物が神からの授かりものであると見抜き、残りの三冊を買うよう王に進言した。王が言われた通りに書物を買い取ると、女は大切に守るようにと言い残して立ち去り、二度と姿を見せることはなかった。タルクィニウス王はこの書物をとても大切に保管した。きわめて有能な男を二人選び、補佐の奴隷を二人つけて監視にあたらせたほどだった。それゆえ監視役のマルクス・アティリウスが職務をきちんと果たしていないと知ったときは激怒し、まるで父親の仇を討つかのように激昂して罰した。その方法は犬と鶏とクサリヘビと猿と一緒に皮の袋に詰めて口を綴じ、海に放り投げるという残忍なものだった。それからというもの、ローマはこのシビュラの書をほかのどんな財産よりも大切に守ってきた。争いが起こったときや戦で不運に見舞われたとき、あるいは重要な前兆をどう解釈すべきかわからないときなどは、元老院の指示のもとでこの書を頼りに解決することも少なくない。ところが同盟市戦争〔前九一～前八八年に、ローマに征服されたイタリア半島内の都市がローマ市民権を求めて反乱を起こした〕のあと、ユピテル神殿で火災が起こり、保管されていたシビュラの書が焼失した。この災難はきっと内戦をよしとしない神のご意向であったのだろう。残ったのは原典のわずかな破片と複写の一部だけだったが、それでもわが国にとってこれ以上は望めないほどの助言を授けてくれている。

ローマがシビュラの書に救われた例を一つ挙げておこう。カルタゴとの二度目の戦争でかの名将ハンニバルと対戦したときのことだ。流星群が夜空を照らし、農作物が不作になり、飢饉が起こった。これはローマがいまにも滅亡するのではないかと恐れを抱くほどの不吉な前兆であった。そこで元老院がシビュラの書の力を借りてこれらの前兆を読み解いた結果、アジアから地母神信仰を取り入れない限りローマが戦争に負けることを示唆しているとわかった。このとき地母神はローマと同盟関係にあったペルガモン王国に祀られていたため、ローマはペルガモンに使節を送って交渉し大地母神の像をローマへ移すことにした。ほどなくして大地母神はオスティア〔ティベリス川の河口にあったローマの外港の村〕の港に到着した。ローマ史上屈指の武将であるコルネリウス・スキピオが派遣され、同行した貞淑な婦人たちとともに地母神を迎えた。地母神像はひとまず勝利の女神ウィクトリアの神殿に祀られて、パラティウムの丘に立派な神殿が完成するまで待つことになった。ローマ市民は移送される地母神像を拝もうと香炉を手に街路に集い、通り過ぎる女神に誠心誠意祈りを捧げた。

あとになってわかったことだが、この大地母神はもともとトロイア〔ギリシャ神話に登場する古代都市、現在のトルコにあったとされる〕の女神であり、すなわちアイネイアス〔トロイア戦争のときの武将〕が信仰していた神ということになる。アイネイアスはトロイアの滅亡後にイタリア半島へ逃れてきてローマ人の祖となったといわれている。つまり大地母神は故郷に帰ってきたにすぎないのだが、それでもこの女神が持ち込んだ習慣にローマの人々は少なからず驚いた。血の日という聖なる日に町を行進する儀式では、ガッリーと呼ばれる神官が黄色い装束に身を包み、太鼓やシンバルを激しく叩き、ホルンやフルートをけたたましく鳴らし、血が出るまで自らを鞭で打ち、最後には恍惚として去勢する。

そして通りかかった家の開いている窓に切断した性器を投げ入れるのである。ローマ人の目から見るとこの習慣はあまりに滅茶苦茶でほとんど受け入れられず、不思議な教えにあやかりたい者ですら自分の代わりに生贄の動物に血を流させて捧げるのがせいぜいであった。大地母神（とその息子で愛人であるアッティクス）に生贄を捧げる儀式には、羊を捧げるクリオボリウムと、雄牛を捧げるタルボリウムがある。わたしの弟が以前この儀式に参加したことがあり、当然ながらはるかに高価な雄牛を捧げるほうを選んだ。弟は地面に掘られた穴の中に立ち、穴の上には格子状の蓋がかぶせられて、その上に犠牲となる雄牛が載せられた。雄牛の喉が切断されると、噴き出した血が格子を伝って秘伝を授けられたばかりの弟の頭の上に流れ落ちた。弟が鮮やかな血を滴らせながら聴衆の前に進み出ると、拍手喝采が浴びせられた。

いんちき魔術師に騙されない

神はさまざまな手を使ってわれわれに意思を伝える。**鳥の飛び方、星の動き、手や顔の相、ほくろの位置や数、手足の引きつり**などあらゆる事象が神からの伝言であり、何が起こるのか、どう対応すればいいのかをあなたに教えている。ほかにも夢や皿、チーズ、濾し器、呼び起こされた死者の魂など、あらゆるものから神の意思を読み取ることができる。もちろんそれらが何を示しているか理解するには専門の占い師の助けが必要だが、占い師はどこの市場でも商売をしているので簡単に見つけることができる。どんなに些細な問題でも占い師に伺いをたてるべきである。わたしも逃亡した奴隷の居場所を探すこと、奴隷を解放すること、土地を買うこと、新しい家を建てること、妻の妊娠、親族の結婚式、遺言で遺産を与えること、病気、旅などあらゆることにおいて助言を求めるようにしている。

神のお告げを読み解くというのがどういうことか具体的に思い描けない読者のために、わたしの体験を紹介しよう。以前、ある占い師に会うためにアウェルヌス湖のあたりまで赴いたことがある。そこには死者を呼び出すことができると有名な暗い洞窟がある。わたしは洞窟に入り、はじめに言われた通りに神聖な祈りのことばを繰り返し、ワインと生贄の動物を何頭か捧げた。そのあと亡くなった父から助言を得るため、父の霊魂を呼び出した。現れた父は人間の形をした影だけで実体はなく、姿も顔もわからなかったが、声は聞こえた。わたしが質問をすると父はそれに答え、そして消えた。

いんちきな占い師には気をつけねばならない。わたしの友人は息子の病について占ってもらおうと星占い師を訪ねたのだが、それがなんともうさんくさい男だった。「心配は無用です。ご子息は弁護士になり、公職につき、やがては属州総督になるでしょう」。そう言われた二日後に彼の息子は亡くなってしまった。そこで友人は星占い師のところへ行き「息子は死んだ。貴様が弁護士になり、公職につき、属州総督になると言った息子が死んだのだ」と文句を言った。すると星占い師はこう答えた。「亡くなったご子息がもし生きながらえていたら、きっとその通りになっていたでしょう」

ハデス〔地下にある冥府の神〕のもとへ連れていくという魔術師のことばを間抜けにも信じた友人もいた。その魔術師は彼に満月の夜に会いにくるように指示し、それから二九日間、毎朝彼をナイル川へ連れていって水浴びをさせ（彼らはエジプトにいた）、朝日に向かって死者の魂への呼びかけと思われることばを延々と唱えた。その間、二人は毎日木の実とドングリを朝食に食べ、ペルシアから特別に運んできた水を飲み、夜は草地で野宿していた。そして三〇日目になると魔術師は友人の顔に唾を吐き、誰にも見られずに家に戻るように言った。

魔術師は準備はすっかり整ったと言って夜中に友人を川へ連れていき、呪文を呟きながら友人の体を清め、香油でこすった。悪霊から守るために彼の周りに魔法の円を描き、それから船の渡し守に支払うので金をたくさん持ってくるようにと言って――念のために言っておくと、友人はこの日までに相当の金額をつぎ込んでいた――彼を連れて家に戻った。魔術師はローブをまとい、友人にはライオンの皮で作った帽子をかぶらせ、竪琴を持たせていた。夜明けが近づくと二人はまた川岸へ行き、魔術師が用意した船に乗り込んだ。船には生贄として供える動物も準備してあった。しばらく川をくだって沼に出ると、日当たりの悪い荒れた場所に下り立った。魔術師が穴を掘り、羊を殺してその血を穴の縁にかけた。その間、魔術師は声を張り上げて死者の霊魂に呼びかけ続けた。ここまでくるとわたしには何が何だかさっぱりわからない。友人の話では魔術師が呪文を唱え終えるとけたたましい騒音がして、ケルベロス〔頭が三つある、ハデスの番犬〕の遠吠えが聞こえた気がしたが、そこで意識を失ってしまったという。気がつくと頭が痛み、魔術師の姿はなく、金がなくなっていた。この話の結末は想像にお任せする。

異なる信仰も寛容に受け入れる

こうした詐欺師にいつ天罰がくだるかは神の御心次第である。われわれローマ人には異なる信仰も**寛容**に受け入れる懐の深さがある。異国の神々であっても誠実に崇め奉れば**味方につけることができる**からだ。征服した土地の神と手を結ぶことによって、勢力の拡大に伴って神の加護も増大していく。逆にローマの神々を属州の民にも信奉させ、彼らが神々の偉大なる加護を受けられるようにしている。亡くなった皇帝は元老院の決議を受けて神格化されることがあり、帝国全域で崇拝されることになる。つまり属州民は神に征服されたことになるので、それは不名誉なことではないと理解する。そして現地古来の神々を崇拝し続けながら、同時に支配者である皇帝にも祈り、捧げることができるのである。

だがわれわれの辛抱にも限界がある。神々が満足していなければ国が健全であり続けることはできない。それゆえ神を冒涜するものがいないように用心しておかねばならない。神は怒っているときに何らかの前兆を通じてはっきりとお示しになるので、あらゆる前兆を記録して絶えず神々の機嫌をうかがっておくことが大切である。神官がその年に顕れた主要な前兆をすべて記録して年報を作成し、公開しているのはそのためだ。たとえば暴虐なことで知られるドミティアヌス帝〔在位八一～九六〕の治世にはこんなことがあった。カピトリウムの丘に不吉な鳥が降り立つと、地震で家々が倒壊し、人々がわれ先にと人を踏みつけて逃げ惑う大混乱になった。そして穀物が不足し飢饉に陥った。そのどれもが天からの警告であったと考えられる。さらに遡って共和政の時代には、疫病が流行する前に神が機嫌を損ねていることを示す多くの予兆がみられた。ウェイイ〔古代エトルリアの都市〕では頭が二つある男児が生まれ、別の場所で生まれた女児には歯が生えていた。カンパニアでは牛が喋るという現象まで起きた。

ユダヤ教とキリスト教には気をつける

異教の習慣をローマに持ち込み、われわれと神々との間にもともと築かれていた関係を乱す教団には気をつけなければならぬ。その一例が**ユダヤ人**である。アウグストゥス帝〔在位前二七〜後一四〕は彼らに対してきわめて寛容な態度を貫いた。ユダヤ人の多くはもともとティベリス川の対岸に暮らしていて、はじめは奴隷としてローマにやって来たが、やがて主人に解放されローマ市民となった。にもかかわらず昔からの伝統や信仰習慣を変えよと強要されることもなく、シナゴーグ〔ユダヤ教徒の礼拝堂〕を建設し、独自の安息日を守り続けることを許されてきた。アウグストゥス帝はユダヤ人が莫大な金額をエルサレムに送り届けていることも知っていたが、彼らをローマから追放することも、ローマ市民としての権利を剥奪することもしなかった。それはひとえにユダヤとその伝統に敬意を抱いていたからである。アウグストゥス帝は誠意を尽くしてユダヤ人とその信仰に接し、ときには寄付をして自らの名においてユダヤの儀式を執り行うことすらあった。ユダヤ人にも穀物を配給し、とりわけ彼らの安息日に配給が重なって受け取りに出てこられないときでもきちんと行き渡るように心を配った。これほどまでの寛大なはからいにユダヤ人はどう応えたか。なんとネロ帝〔在位五四〜六八〕の時代に反乱を起こし、名高きウェスパシアヌス帝〔在位六九〜七九〕と息子のティトゥスに鎮圧されるまで戦を繰り広げたのである。

キリスト教もユダヤ人と同じく危険な存在である。彼らは神格化された皇帝に国の安穏を祈願するために生贄を捧げることを拒否する。ローマの大火〔六四年にローマ市内を焼き尽くした大火災〕が起こったとき、ネロ帝は、キリスト教徒が大火災で世界が破滅する日を待ち望んでいるというもっともらしい理由で彼らに罪をかぶせた。その結果キリスト教徒は猛獣刑に処されたり、松ヤニを塗られて火をつけられ、街灯の代わりにされたりするなどの迫害を受けた。キリスト教徒は不道徳であるゆえにどこへ行っても嫌われ者で、残忍きわまりない処罰を受けるべき民ではあるが、それでも市民はローマを危険にさらすのはむしろネロ帝の愚行だと考え、キリスト教徒に同情を示した。

キリスト教にたぶらかされてはならぬ！　キリスト教の神を崇拝するということは、このローマを偉大たらしめた神々を捨てることになる。本当の家族や兄弟ではなくキリスト教の神を父と思い、仲間の信徒を兄弟姉妹と呼ぶことになる。だが、本当の父をさしおいて、深く崇敬し、その教えに従うべき相手などいるはずがないではないか。ときとして国が困難に直面した際、彼らのような破壊分子が神々を冒瀆していることが明らかになり、そのために彼らが弾圧を受けるのはごく自然のなりゆきなのである。キリスト教徒のなかにはみずから進んで死罪に甘んじようとする者もいる。皇帝の彫像に供物を捧げ、生贄の肉を味わうように言われただけなのに、それは彼らの唯一の神を貶める行為だといって拒むのだ。わたしにはその理由がまったく解せない。

つい先日、キリスト教徒がフォルムで審問にかけられる場面を見た。詰めかけた大勢の聴衆が見つめる先で、自分はキリスト教徒だと告白した者が一人ずつ追及されていた。若い女の番になったとき、女の父親が生贄を捧げるように説得し、生まれたばかりの赤ん坊を高く掲げて娘に翻意を促した。裁判官も良家に生まれた若い女を罰するのは忍びないと思い、父親に加勢して「父上を悲しませてはならない。赤ん坊を大切にせよ」と言った。だが女は屈することなく答えた。「わたしはキリスト教徒です」。髪が灰色になりかけた父親が人目も憚らず膝をついてまで懇願し、ついには目をむいて怒りをあらわにして娘に突進しようとしたところを鞭で追い払われる様子はいたましくて見ていられなかった。

裁判官は仕方なく全員を競技場で猛獣刑に処すこととし、処刑は数日後に皇帝の誕生日を祝して開催される競技会で執行されることになった。競技会の前夜、彼らは最後の晩餐を与えられた。いつものように多くの見物人が集まり、神にも皇帝にも抗って生贄を捧げることを拒んだ彼らの愚かさを嘲笑った。断罪されたキリスト教徒たちは全能とされる彼らの神がローマ人に災いをもたらすゆえ覚悟せよと言い返したが、いまのところ神は彼らに救いの手を差し伸べる気はないようだ。

翌日、キリスト教徒たちは闘技場へ連れてこられたが、驚くことにほとんどの者が笑みを浮かべていた。あの若い女が中央に引っ立てられ、裸にされて鞭打たれた。赤ん坊を産んだばかりの乳房からはまだ乳が滴っていた。あまりにふしだらな姿に観衆が衝撃を受けたのも無理からぬことで、きちんと服装を整えて死を迎えさせるべきだという声があがった。観客はキリスト教徒たちが血祭りにあげられるのを心待ちにしていた。それに対してキリスト教徒たちは歌を歌って応じたが、聞いていて実に不愉快だった。なかには「そなたたちはわれらを裁いたが、神がそなたたちを裁くであろう」というような戯れ言を叫ぶ男たちもいたが、ますます観衆の怒りを買っただけだった。属州総督の合図で鞭が振り下ろされると、彼らは苦難を与えた神に感謝のことばを述べた。いやはやどこまでも不可解な者たちだ。

猪と熊と豹が放たれ、観客によく見えるように高く設《しつら》えた台座に磔にされた死刑囚めがけて突進した。死刑囚たちは声に出して祈りのことばを唱えたが、彼らの神は聞く耳をもたなかった。豹が一人の男の顔にかぶりついた瞬間はなんとも痛快だった。大量の血が噴き出してほかの死刑囚の体に飛び散り、それを見た観客はこぞって「血を浴びて愉しめ！」と罵声を浴びせた。死刑囚の体が地面に引きずり下ろされると、今度はひときわ獰猛な野牛が例の若い女に襲いかかった。女はいかにも良家の娘らしい慎ましさを持ち合わせていて、服が切り裂かれて露わになった太腿を切れ端を手繰り寄せて隠そうとし、さらには髪留めを探して乱れた髪をまとめた。野獣にさんざん痛めつけられた挙げ句、ようやく剣闘士の手でその苦痛から解放されたが、剣闘士は未熟な新人で手元が震えていて、一振りで彼女を絶命させられず、最初は傷を負わせただけだった。女はこのときも見事なまでの度胸を見せつけた。剣をみずから喉元に導き、剣闘士が次の一振りで自分を殺せるように仕向けたのだ。

この若い女を見ていて思い出した寓話がある。船が難破し、水夫たちは泳いで岸を目指したが、一人だけその場で立ち泳ぎをしながらひたすらアテナに祈りを捧げ続けた男の話だ。やがて仲間の一人がその男に向かって怒鳴った。「自分で泳いでアテナの御業を助けよ」。この寓話の教訓の通り、**神にすべてを任せっぱなしにしてはならぬ**。自分で考え、行動して苦境から脱するのだ。あの愚かな女も神に捧げ物をして自由の身になればよかったものを、みずから死を選んだ。そのせいで家族は悲しみに打ちひしがれ、赤ん坊は母親を失ってしまった。

神の宿る場所や人を崇拝する

誰の心の内にも聖なる神が宿っていて、われわれの善行と悪行をつぶさに記録し、われわれを見守っている。この内なる力がなければ善良な人間であることはできない。だからこそ、あらゆる手段でこの力を鍛えねばならぬ。**明らかに神が宿っていると思われる場所**を崇拝するのもその一つである。古くから残るこぶだらけの木々が陽光を遮る森。自然の力で山腹に掘られた深い洞窟。湯の湧く源泉。広大な川の源流。どれも神の力を暗示するものとして崇めなければばならない。敬意を払う対象が人間であることもある。危険の只中にあっても冷静さを失わず、欲望に打ち勝ち、逆境を喜んで受け入れ、周囲の人々よりも気高く、まるで神のような平静さを保っている人がいるとしたら、その人にも自然界にみられる現象と同じように神の力が宿っていると考えて差し支えないだろう。あなたが目指すべきはまさにそういう存在である。祈りと献身によって内なる精神を鍛え、この地上の不安や恐怖から解放されるのだ。強靱な精神力を身につけた者が凡人を凌駕し、感情を完全に制御し、移り気な運命が投げかけるいかなる出来事にも心が揺らぐことなく乗り越えることができたとき、天の力を幾分かでも身につけたといえるであろう。

解説

ローマの伝統的な信仰は、成果が出るまで何度でも正確に祈りを繰り返すことが基本でした。ローマ人がどのように神々に祈りを捧げていたかについては大プリニウスの『博物誌』(第二八巻第一〇‐一一章)と大カトの『農業論』(第一三四巻および第一三九‐一四一巻)に詳しく描かれています。アウグスティヌスは『神の国』(第四巻第八章)のなかで、ローマには驚くほど多くの神々がいて、穀物の穂のほんの小さな一部分を守護するためだけの神まで存在することを揶揄しています。ローマでは一年を通じて田舎の伝統的な習慣と結びついたさまざまな祝祭が行われていました。ロービーガーリヤ祭についてはオウィディウスの『祭暦』（第四巻第九〇五-九四二章）、ルペルカリア祭についてはプルタルコスの『ロムルス伝』（第二一巻）が参考になります。ウェスタの処女と、罪を犯したときに彼女たちを待ち受ける恐ろしい罰の件はアウルス・ゲッリウスの『アッティカの夜』（第一巻第一二章）とハリカルナッソスのディオニュシオスの『ローマ古代誌』（第二巻第六七章）に記載があります。

神はあらゆる場所に宿ると考えられていたので、鳥の様子や夢の内容にいたるまでどんな自然現象からでも神の意思を読み取ろうとするのはごく当たり前のことでした。そうした前兆がいかようにでも解釈されていたという点についてはリウィウスの『ローマ建国史』（第一〇巻第四〇章）とスエトニウスの『皇帝伝　ティベリウス伝』（第二巻）が参考になります。マルクスが占い師を訪ねて洞穴に行った話はティルスのマキシムスの『論説集（Discourses）』（第二六巻）の記述をもとにしています。いんちき占い師の話はルキアノスの『メニッポス』に描かれています。ローマの人々が神の意思が宿ると考えていたものの羅列はサイダのドーロテオスが著した占星術の手引書の各章の見出しに基づいています。

ローマの信仰において捧げ物をすることは人間と神とのコミュニケーション手段でした。生贄は大事な儀式で捧げることが多く、普段はさまざまな香りの植物と油を混ぜただけの香を捧げるのが一般的でした。ひと口に捧げ物をする儀式といってもその規模や内容はまちまちでした。大きなものとしては帝国が主催する祝祭や街中を練り歩く各地の祭がありましたが、もっと小規模で個人的な儀式も多く、神殿が単独で催したり家の中で行ったりすることもありました。神は甘い香りを好むと信じられていたので、香を焚いて神の加護を祈るのがよいとされていました。ほかにも花輪を供えて神々の目を愉しませたり、煙が天の神に届くように供物を燃やしたりすることもありました。

初期のキリスト教徒は神に供物を捧げることを頑なに拒み、香を焚くことすら受け入れませんでした。二世紀前半にビテュニア属州総督の職にあった小プリニウスは、ローマの神々に香を捧げることを拒むのは神への冒涜だとして複数のキリスト教徒を処刑したといわれています（『書簡集』第一〇巻第九六書簡）。こうした見せしめや拷問に屈して多くのキリスト教徒が神に捧げ物をするようになったのも不思議ではありません。他のキリスト教徒たちは裏切り者を〝香を焚く者〟と軽蔑を込めて呼んでいました。のちにキリスト教は異教徒の習慣を多く取り入れており、香はカトリックの儀式で重要な役割を果たすようになりましたし、ローマ教皇は最高神祇官と呼ばれるようになりますが、そのきっかけはこの時代にあったといえるでしょう。

ローマ人は神が自分たちの味方だと信じていて、その親密な結びつきを「神々の平和《パクス・デオルム》」と呼んでいました。そのため、人間にとって好ましい現象は神の思し召しによるものだと考えていたのも無理はありません。同様に何か不幸なことが起こったときには、人間の社会的、政治的な行動が神の逆鱗に触れて天罰がくだったのだと信じられていました。ですから神の怒りを買ってローマに災いをもたらす恐れのある人々を迫害するのは当然のなりゆきでした。キリスト教徒の若い女性が殉教した話は二〇三年にカルタゴで殉教した聖ペルペトゥアの伝説をもとにしています。この伝説は古代の文献としては珍しく女性が書き残したものです。ローマの大火のあとでネロ帝の思惑によってキリスト教徒をおそった悲劇についてはタキトゥスの『年代記』（第一五巻第四四章）に書かれています。ですが、こうした衝撃的な迫害が普通に行われていたわけではありません。ローマの信仰はもともと多神教でさまざまな宗教的儀礼があり、キリスト教のように唯一絶対の神はいなかったので、ローマの神々への信仰とは異なる宗教や新たな宗教的慣習を締め出す動機は、本来はありませんでした。迫害が行われたのは国が何らかの危機に瀕していたときだけで、国として異教徒を一律に排除するほどの力はなく、犠牲になった人の数もそれほど多くはありません。ほかの教団を根絶やしにしようという意図はなく、ローマ本来の道徳観を確認するための象徴的行為であったとみるべきでしょう。また、キリスト教徒だけではなく、魔術師や星占い師、ディオニュシオスの崇拝者などが迫害された時代もありました。ユダヤ教は太古の昔から続く伝統ある信仰としてユリウス・カエサルが認めていて、アウグストゥス帝も容認していました（フィロンの『ガイウスへの使節』第一五五 - 一五八巻などが参考になります）。

大地母神（キュベレともいわれます）への信仰を取り入れたのも、こうした信仰に対する考え方の裏返しにすぎません。今いる神々が助けてくれないのなら、ほかの神に救いの手を求めてみようという発想です。神官が去勢し、派手なお祭り騒ぎをする慣習に驚いていたことからも、どのような信仰なのかきちんと理解していなかった可能性はあります。とはいえ、キュベレ像をローマへ移譲する交渉にあたった使節団はある程度は知っていたはずですので、ハンニバルに相当追いつめられていたローマが、とにかく今までとは違ったものを試さなくてはという切羽詰まった状況にあったことがうかがえます。いずれにせよ、トロイアの武将アイネイアスの神話が新たな女神とローマの祖先を結びつける格好の材料であったことは確かです。シビュラの書がローマにもたらされた話はハリカルナッソスのディオニュシオスが著した『ローマ古代誌』（第四巻第六二章）にあります。敵の神をローマの味方につけるための祈りのことばはマクロビウスの『サトゥルナリア』（第三巻第九章第七・八節）に記載があります。

　支配地域を拡大する途上で新たな信仰を取り入れることも厭《いと》わなかったため、ローマには多種多様な宗教的慣習が持ち込まれました。帝政期の最初の三世紀は新たな信仰を積極的に取り入れようとする態度が定着していたため、ミトラ信仰、キリスト教、イシス崇拝、マニ教など主にアジアの宗教の影響を受けていました。ローマの人々は伝統的な儀式で結ばれるよりももっと個人的で親密な関係を神と築きたいと願っていたようで、新たに持ち込まれた信仰はローマ人の精神的な開花を大きく促し、捧げ物や信念、道義的な行動などを通して神をいっそう近くに感じられるようになりました。マルクスが最後にこの点について述べていることは、セネカが『書簡集』（第四一書簡）で論じているストア哲学の考えに基づいています。コンスタンティヌス帝〔在位三〇六～三三七〕が三一二年にキリスト教に改宗したことも、この歴史の流れのなかで理解すべきです。キリスト教に依拠する文献では皇帝がキリスト教の教義に心酔したのであり改宗は当然の結果だと説いていますが、その背景にはローマ社会の信仰に対する大きな潮流があったのです。キリスト教の教義は、皇帝が乱立し覇権争いによって分断された帝国を再統一しようというコンスタンティヌスの政治的な野望にちょうど適していました。先帝ディオクレティアヌス〔在位二八四～三〇五〕がそうであったように、コンスタンティヌスもより強力な権力が皇帝に集中する国家をつくりたいと考えていました。そのためライヴァルたちに打ち勝ってローマで唯一の皇帝の座を射止めた彼には、国の統一が盤石であることを示す新しい思想が必要でした。

絶対唯一神のもとで一つとなった帝国を、唯一の皇帝が統治するということを民衆に知らしめたのです。

第7の習慣

ローマ人の精神を身につける

ずいぶん昔の話になるが、横暴の限りを尽くしていた傲慢王タルクィニウス〔在位前五三五〜前五〇九〕が市民の手によって追放され、王政ローマは終焉を迎えた。すると、エトルリアの王ラルス・ポルセンナ〔タルクィニウスはエトルリア系で、当時ローマとエトルリアは同盟関係にあった〕は、タルクィニウスを王の座に復位させようと目論み、共和国として歩み始めたばかりのローマを包囲して制圧しようとした。ところが、迎え撃ったローマ人の類まれな勇姿を目の当たりにして、侵略軍は自分たちに勝ち目はないと思い知った。ローマ人に世界でも類を見ないほどの成功もたらしたその気質を、この上なくよく物語る英雄伝をいくつか紹介しよう。

ガイウス・ムキウスに学ぶ

一つ目は高貴な家に生まれた若きローマ人、ガイウス・ムキウスなる男の話である。エトルリアによる包囲が長引くにつれてローマでは食料が乏しくなり、残りわずかな物資の価格が青天井のごとく高騰した。ようやく憎き王を追い出したというのに、これまで戦争で何度も打ち負かしてきたエトルリアに包囲されていることがガイウスには耐えがたい屈辱だった。そこで勇気を奮いおこし、一人で敵軍の陣内に忍び込んで敵国の王を暗殺しようと決意した。ただ、いざ決行するとなると不安もないではなかった。執政官の命令を受けずに独断で動いてしまうと、進退窮まってローマ市外へ逃亡を図る脱走者と間違えられかねず、ローマ軍の護衛兵に見つかって捕まるおそれがあったのだ。

そこでガイウスは「ティベリス川を渡って敵陣に忍び込み、誉れある使命を果たしてみせます」と元老院に直訴した。元老院としてはなんとも勇ましいこの申し出を受け入れるほかなく、こうして許しを得たガイウスは衣服に剣を隠して敵陣に忍び込んだ。その日、敵軍はちょうど報酬の支払い日で、王のいる天幕の周りは賃金を受け取るために集まった兵でごったがえしていた。ガイウスが人だかりにまぎれて内部をうかがうと、玉座には男が二人鎮座していた。困ったことに、その二人はよく似た衣服をまとい、容姿もそっくりで見分けがつかなかった。どちらかが王でどちらかが従者であることは間違いないのだが、無論、誰かに訊ねるわけにはいかない。そんなことをしたら正体がばれてすべて水の泡だ。運を天に任せるしかない。ガイウスは腹を決めて玉座にいる二人の男めがけて突進し、まず手前にいた男を刺した。それからもう一人に襲いかかろうとしたものの、あっという間に取り押さえられてしまった。無念にも運を味方につけることは叶わず、刺し殺したのは王ではなく従者のほうだった。ガイウスは命拾いした王の前に引きずり出された。

絶体絶命の危機に瀕してもなお、ガイウスの強靭な意志がくじけることはなく、堂々とした彼の振る舞いはむしろ敵を圧倒した。「わたしはローマ人である」。ガイウスは毅然と言い放った。「わが名はガイウス・ムキウス。わたしにとっては、敵を殺すのも、敵に殺されるのも、同じ死であることに変わりない。**勇敢であることも、黙って耐え忍ぶことも**、どちらもローマ人が生まれながらに誇る美徳である。わたし一人を葬ったところで何にもならぬ。わたしの後ろには誉れある名声にあずからんとする同輩が連綿と列をなしている。さあ、ポルセンナ王よ、決断するがいい。四六時中命を狙われているというのに、この戦を続けるか？　貴殿を亡き者にしようと機会をうかがう敵兵がいつどこに潜んでいるかわからぬぞ。これはローマ人から貴殿への宣戦布告である」

王は顔を真っ赤にして怒り狂ったが、同時に、自分の命をひそかに狙う者があとを絶たないと思うと怖くなった。そこで、生きたまま火炙りに処すと言ってガイウスを脅し、ローマ人がどうやって自分を殺そうとしているのか口を割らせようとした。ガイウスは不敵な笑みを浮かべると、「名誉のためならば身命を惜しまぬわれらローマ人の勇姿をとくと見るがいい」と言って、燃え盛る炎の中にみずから右手を突っ込んだ。そしてそのまま右手が炎に焼かれるにまかせ、身じろぎ一つせず、声もあげず、一筋の汗すら流さなかった。ポルセンナ王は驚きおののいて、護衛に命じてガイウスの手を炎から出させた。「わたしを襲うどころか自分を痛めつけているではないか」。王はひどく感銘を受けた。「そなたがわが配下の兵ならば最大級の賛辞を与えるところだが、捕虜であるゆえ、そなたを解放しローマへ帰してやることしかできぬ」。ガイウスはこの寛大なはからいに礼を尽くして応えた。「ならば、その英断に敬意を表して、貴殿が拷問では聞き出せなかったことをお教えしよう。三〇〇人のローマ人が、それも若さに満ち溢れた者たちが、わたしと同じように貴殿を討とうと息巻いている。最初に命令を受けたのがたまたまわたしだっただけで、貴殿を亡き者にする好機がおとずれるまで次々と刺客が送り込まれてくるであろう」

数百人もの刺客が自分の暗殺を企てていると聞いて怖気づいたポルセンナ王は、ローマへ使節を送って和議を結んだ。ガイウスも無事にローマへ戻り、元老院から褒賞としてティベリス川の西に土地を与えられた。この土地は今ではムキウスの草原と呼ばれている。ローマの民は右手を失ったガイウスを〝左手〟と呼び、彼を讃えた。

ホラティウス・コクレスに学ぶ

次に紹介する勇士は真のローマ人とはかくあるべしという手本のような男で、名をホラティウス・コクレスという。ガイウス・ムキウスが名誉のためならばたとえ手が焼けてなくなることも厭《いと》わない強靭な精神力を見せつけたのと同じように、戦の勝敗を決する一騎打ちに進んで名乗りをあげたローマ人は少なくない。ときには、たとえそれで命を落とすとわかっていたとしても、みな勇んで立ち上がり、ローマの同志や共和国を守るために喜んで命を捧げてきた。

同じくエトルリアのポルセンナ王によってローマが包囲されていたとき、ホラティウスはティベリス川にかけられたローマへの入口となる簡素な橋のたもとで、二人の敵兵を相手に奮闘していた。すると突如として敵の大軍がホラティウスめがけて突進してきた。敵軍が強引に橋を渡ってローマ市内へ侵攻するのを恐れたホラティウスは、背後に控えていた味方の軍団に大声で呼ばわって、全速力で橋を渡って川岸に戻り、橋を支えている縄を切れと命じた。そして時間稼ぎのために自身は橋の手前に陣取り、深手をいくつも負いながらたった一人で敵軍を食いとめた。ホラティウスの**強さ**と**忍耐力**と勇気には敵の兵たちもただ驚くばかりであった。縄が切られて橋が落ちると、ホラティウスは重い甲冑を身につけているにもかかわらずみずから川へ飛び込んだ。生きて捕虜になるくらいなら、いっそ溺れ死ぬ覚悟であった。ローマを守るため、英雄として後世にその名を残さんがために、命を捧げたのだ。

ローマをこれほど偉大たらしめた理由を一つ挙げよと問われたなら、わたしはこう答える。それは、ガイウス・ムキウスやホラティウス・コクレスをはじめ気高き偉業をなした先人たちの列に加わりたいと意欲を燃やす、若き勇士がいることである。穏やかで満ち足りた時代に生きるあなたがたが、この高潔なるローマ人気質から学ぶべきことは何であろうか。どのような信条を生活に取り入れれば、あなたもローマ人のように生きられるのか。こうしたことは学校では教えてくれないが、この本のなかにその答えがある。

あなたにもガイウスのような崇高な生き方ができるだろうか。もちろんできる。たしかに炎に手を突っ込んで気骨のあるところを見せるような真似はできないかもしれない。だからといって、あなたが劣っているとか負け犬であるということになるのかといえば、断じてそうではない。運命のいたずらで錆びた鉄のごとく腐敗した時代に生まれ、度胸のない男ばかりがはびこっている世の中だからといって、鋼のように強靭な精神力を発揮する機会がないとは限らない。そもそも野蛮人の血をひいているからという理由で屈辱に甘んじるしかないのか。たしかに誰しも代々続く系譜に連なっているのであり、その振る舞いには多かれ少なかれ祖先の影が垣間見えるものである。一族の血筋から逃れることは誰にもできない。しかしながら、真の栄光を勝ち取れるか否かはひとえに**本人の資質**による。力は富によってではなく資質を高めることによって発揮できるのであり、**高い徳**を備えていればこそ栄誉や名声にあずかることができる。だからこそローマ人は一人ひとりがもつ**内面の強さ**が大事だと説き、精神を鍛えあげてきたのだ。わたしが教えられるのは、栄光を求めてやまないこの気質であり、それはたとえ最下層の奴隷であっても通じるものだと確信している。

忠心をもつ

現に、最下層にいた者が社会階層の階段を上ることができた事例は枚挙にいとまがない。もともとはわたしの奴隷で、イタリア半島中部にある所領で鎖につながれて働いていた男もそうであった。勤勉で主人の期待に応えようとする意欲に満ちた働きぶりを見て、わたしはすぐにその男の能力を見抜き、管理人に抜擢した。それから何年もわたしに忠義を尽くしたので、その男を自由民として解放し、少しばかり土地まで与えてやった。この男は今では友人たちに

〃農夫〃と呼ばれていて、低い身分に生まれたにもかかわらず、慎ましいながらも一家を構えて、なんと奴隷を所有するまでになっている。

さらには、ローマの生まれではない者が皇帝の座を射止めたこともある。歴代随一の賢帝として後世にもその名声が伝わるトラヤヌス帝〔在位九八～一一七〕がそうであった。トラヤヌス帝はダキア王国〔現在のルーマニア〕を征服し、ユーフラテス川まで進軍して東方の属州を平定すると、戦利品を持ち帰って、自らの名を冠した巨大なフォルムを建設した。その辣腕ぶりに元老院から〃至高の皇帝〃という称号を送られたトラヤヌス帝はヒスパニア・バエティカ属州〔現在のスペイン〕出身だったではないか。

では、こうした成功の秘訣は何か。一言でいうならば、それは**忠心**である。忠心に満ち、生活のあらゆる面で誠意を尽くす者こそが、思いもかけぬ高みへと上っていけるのである。忠心という徳を備えていながら、めざましい成果を挙げることができなかった者を、わたしは見たことがない。逆に、忠心のかけらももち合わせていない者が名声を得て、それなりの富を築くことができたという話も聞いたことがない。ゆえに断言できる。自身の能力を開発するにあたって何よりも大切なのは忠心である。忠義をもって誠意を尽くすことは、通り一遍の教育で学んだことなどよりはるかに大事なのである。

そもそも忠心とは何か。端的にいえば、**親や国や神への忠義を果たさんと自らを奮い立たせる内なる力**である。その源は父が子に対して振るうことの許される絶対的な権力にある。ローマ建国の祖であり、初代の王でもあったロムルスは、父が死ぬまで行使しうる権力としてこれを受け入れ、妥当な処遇であると判断したときには息子を投獄したり、拷問したり、鎖につないだりすることも厭わなかった。父が息子に農場で労働すべしと言えば、息子はそれに従うのみだ。娘は結婚せよと言われたなら言いつけ通りに嫁ぐものだった。当時は父が息子を殺すことも、奴隷として売り払うこともあった。身を立て名を上げられるか否かはひとえに父の意向次第なのだ。

もしわたしが完全無欠な人間だとしたら――欲の皮が張っているとか、根性が悪いとか、放蕩者であると非難されることなどないとするならば、それはひとえにわが父のおかげである。父は領地を愛し、高貴な家の子息に求められる能力を身につけるには学校での教育など何の役にも立たないと考えていた。そこでわたしをローマまで連れていき、金に糸目をつけることなく、しかるべき振る舞いを叩き込んだ。そのころのわたしはなんとも奇抜な装いをした伊達男に見えたことだろう。そんなわたしに、父はみずから最高級のトーガをまとい、紳士らしい装いとはこういうものだと教えてくれた。その父を侮辱されでもしたら、わたしはきっと怒り狂うに違いない。己の不甲斐なさを父親のせいにする輩も多いが、わたしはそんな言い訳をするつもりは毛頭ない。むしろ、生まれたときに戻って自分で親を選べるとしても、やはりわが父と母の息子でありたいと切に願っている。

国家の利益を最優先する

父であるがゆえに苦しい立場に置かれることもある。父が子を想い、守りたいという衝動にかられるのはきわめて自然なことだが、公職にある者は何をさしおいても国家の利益を第一に考えねばならない。そのため、自然の道理に反して父子の絆を断ってでも、国のためにわが子を処刑しなければならなかった父もいた。かのルキウス・ユニウス・ブルトゥスがそうであった。ルキウスは民衆を鼓舞して傲慢王タルクィニウスを追放し、偉大なる共和政ローマを建国した。ほどなくして王政復古を目論む陰謀が明らかになり、初代執政官となった彼は計画に加担した者たちの処刑を指揮する立場に置かれたのだが、その謀反人のなかに息子のティトゥスとティベリウスがいた。陰謀計画には貴族の若い子息らが多く関わっていた。王が絶対的な権力を有していた時代には、彼らはその威光をかさにきて好き放題に振る舞っていた。ところが、王が追放され、すべての民が法のもとで平等になると、今までのように勝手がきかなくなり、まるで奴隷に身を落としたとでもいわんばかりに不満を訴えるようになっていた。王であれば取り入って庇護を受けることもできるが、相手が法ではおべっかは通じない。そこで追放された王をまつりあげて復位させようと企てたものの、未然に計画が発覚し、加担した者は鞭打ちに処せられてから処刑されることになった。刑の執行は執政官に委ねると法に定められている以上、ルキウスにはどうすることもできなかった。かくして、ルキウスはそれまで無縁だった処刑の場に立ち会い、刑が執行されるのをしかと見届けることを余儀なくされたのだった。

陰謀に加担した若き貴族たちが柱に縛られて並ぶなか、その場にいた人々の目は執政官とその二人の息子だけに注がれていた。執政官が席に着くと、命令を受けたリクトル〔執政官など高位公職者につき従う官吏〕が罪人の裸の背中を束棹《そっかん》で打ちすえ、最後に斬首した。刑が執行される間、ルキウスは本心を隠すことができずに、苦痛に顔をゆがめ、嗚咽を漏らした。それでもなお、その顔には処刑見届人としての義務を果たさんとする断固たる意志が見て取れたという。

こうした強靭な意志をもつ先人たちの尽力によってローマは大帝国と成りえた。指導者たるものは何をおいてもその使命を最優先させねばならない。だが、真の指導者に必要なのは、**断固とした決断力**と**責務を果たそうとする使命感**である。指導者がそうした資質を備えていればこそ、下の者は命じられれば炎の中へでも勇んで飛び込むのだ。かつて大スキピオ〔共和政ローマ期の軍人、元老院議員〕は、軍団を率いてアフリカに遠征する途上で、どうしてカルタゴを討伐できると自信をもって言えるのかと問われてこう答えた。「わが軍には、わたしが命じるならばたとえ高い塔から海へ飛び込めといわれても従わぬ者はいないからである」

失敗にはさまざまな原因がある。卑しい家に生まれ、その運命から逃れられない者。良家に生まれながら、育ちに問題がある者。目的や野望をもたぬ者。怖気づいて行動に移せない者。選択を誤って悪妻を娶《めと》った者。望みを叶えるために助力してくれる庇護者を持たない者。だが、失敗の最大の原因は、誰かを**あなたのために喜んで働くように仕向ける力量**に欠けていることであろう。恐怖心を与えて命令に従わせようとする人が多く見受けられるが、言い伝えにもあるように、一ガロンの胆汁よりも一滴の蜂蜜のほうがより多くの蝿を捕まえることができる。手本を示し、敬意をもってやる気を引き出してやれば、自分には何の得にもならないことでさえ実行してくれる人がいるものなのだ。

わが母とクロエリアに学ぶ

男だけでなく、野蛮人に生まれた女であってもローマ人から学べることがたくさんある。当然ながら、男に比べれば女の美徳というのは限られた範囲にとどまる。生活そのものにそれほど変化がないので、何か新しい分野で努力を認められて賞賛されるという機会自体が少ない。女に求められる能力は家の中でのことに限られていて、それは昔から変わることがないので、褒めるにしても単純で決まりきった文句になりがちだ。同じ仕事を同じようにこなす女たちを褒めるのに目新しい言い回しは必要ない。むしろ、一括りにして讃えるだけで十分といえよう。とはいえ、特筆して賞賛するに値する女がいないわけではない。わたしの母もその一人である。わが母は慎ましく誠実な人柄で、貞節を守り、羊毛織りが上手で、従順であることにかけては、どんなに優れた女性にも劣ることはないし、聡明で徳を備えているという点で母の右に出る者はまずいない。二人の夫に誠実に尽くし、子供たちにも公平に接していた（母は二度目の結婚で父に嫁いでわたしを生んだのだが、二人目の夫であるわたしの父もずいぶん前に亡くなった）。

ローマがエトルリアの王ポルセンナに包囲されたときに活躍した二人の勇者の話を先に紹介したが、同じ時代に女の鑑としてひときわ異彩を放った人物がいた。そもそも、女たちが名声を求めるようになったのは、ガイウス・ムキウスの勇敢な行動に感化されたためだった。ローマとエトルリアのポルセンナ王の和議の条件として、ローマが人質を差し出すことで双方は合意した。約束に従ってエトルリアに引き渡されたローマ人のなかにクロエリアという若い女がいた。人質となったクロエリアはほかの女たちを連れ、馬を駆って敵陣を抜け出すと、敵軍が放つ弓矢の嵐をかいくぐってティベリス川を泳いで渡り、ローマへ戻った。そして誰ひとり怪我を負わせることなく、全員を無事に家に帰した。クロエリア自身も家族のもとへ戻ったが、脱走を知ったポルセンナ王は彼女だけをもう一度引き渡すように要求し、ローマもこれに同意した。かくしてクロエリアはふたたび敵軍へ送られたのだが、ガイウスのときと同じように彼女の勇気ある行動に感銘を受けたポルセンナ王は、残っていた人質のなかから半分を選んでともにローマへ戻ることを許した。するとクロエリアは今度は女ではなく、戦力となる若い男たちを連れてローマへ帰った。ローマの人々はわが身を捧げて国に尽くしたクロエリアを讃えて騎馬像を建立し、聖なる道の頭上に掲げた。これは本来なら男だけがあずかることのできる栄誉であった。

己を知り、己に厳しく

あなたが男であれ女であれ、このような高みを目指すのであれば、デルフォイ〔古代ギリシャの最古の神託所があった都市国家〕の神託にあるように、**汝自身を知らねばならない。**自分の短所を知り、どの能力をより向上させればよいのか理解することが大切だ。目標を定め、達成するために自分を追い込んでもらいたい。法務官や執政官になりたいのか。多くの奴隷を所有したいのか。貞淑な妻を娶りたいのか。この本ではそうした野望を叶えるために、生活のあらゆる場面にローマ人の習慣を取り入れる方法を述べてきた。

とはいえ、自分がどんな人間であるか気づくことのできる能力を向上させ、その気づきに基づいて行動を律していくというのは並大抵のことではない。ローマ人のような成功を収める秘訣を手に入れるには、それなりの代償を払わなければならぬ。その代償は得られるものの価値に比べれば安いものだが、それでも懸命に努力しなければ手に入れることはできない。弱い者と力ある者を隔てる大きな違いは、その人が**意欲**に満ちているかどうか、すなわちわが身がどうなろうと必ず栄光を勝ち取ってみせるという**揺るぎない決意**があるかどうかの差である。わたしも歳を重ねるごとに、ますますそのことを実感するようになった。たとえ皇帝であっても、たゆまぬ努力をしなければならないことに変わりはない。ハドリアヌス帝〔在位一一七～一三八〕が時間が足りないと愚痴をこぼしたとき、それを聞いた女は皇帝を諫めてこう言い放った。「ならば皇帝であることをおやめなさい」。このことばをよくよく肝に銘じておかれよ。

栄光を勝ち取りたいという意思を強く抱く者だけが、その栄誉にあずかることができる。栄光を勝ち取ることだけをひたすら念じ、その思いが強いばかりに、もうすでに手に入れていると錯覚するくらいでなければならない。敵に対するのと同じくらい、**己にも厳しく**あらねばならない。かのユリウス・カエサルは、ウクセロドゥヌム〔現在のフランス中部〕でガリア人の最後の残党を包囲したとき、属州総督としての任を終えて自分が去ったあとには、この地で二度と反乱を起こさせまいという決意に燃えていた。カエサルはまず城壁を取り囲むように兵を配置してから、特別に造らせた高台の上から陽動攻撃をしかけた。それから敵地を包囲していた軍団に命じて雄叫びをあげさせ、城壁を破って襲撃するかのようにガリア人に信じ込ませた。その間、ローマの工兵たちは敵に気づかれないようにガリア人の水源となっていた泉に向かって水路を掘りすすめ、その水路に水が流れ出すようにして彼らの水源を絶った。窮地に追い込まれたと悟ったガリア人はほどなくして降伏した。当時は捕虜となった者は処刑されるか奴隷として売られるのが一般的だったが、カエサルは降伏を受け入れて処刑も奴隷として売ることもしなかった。その代わり、首領国ローマに二度と反旗を翻すことのないように、軍役につける年齢の者については全員の右手を切り落として武器を持てないようにした。さらに右手を奪われた大勢の男たちを属州中に分散させ、ローマに楯突くことがいかに無益であるかを全ガリア人に知らしめた。

偉大な男はあえて荊の道を通らなければならない。皇帝たるもの、犬がオスワリをするように、こともなげに人の首を斬ることができねばならぬ。たとえ身内であっても、陰謀を企てていないか常に目を光らせ、場合によっては処刑することも辞さない覚悟が必要だ。例を挙げるなら、クラウディウス帝〔在位四一〜五四〕は、義理の父、二人の義理の息子たち、娘の舅（皇帝本人にうりふたつの男であった）、娘の姑のスクリボニア、妻のメッサリナをはじめ数えきれないほど多くの人をきちんと取り調べることもなく処刑した。それでも亡くなったのちに神格化され、今ではオリンポス山で他の神々に連なっている。最高の栄誉にあずかるためなら、いかなる**代償**を払うことも**厭わない**この姿勢をあなたがたも学んでいただきたい。

富に支配されず、栄光を求める

われらローマ人は世界を**統治する運命**を担っている。素晴らしい銅像や大理石の彫刻を作ることや、雄弁をふるうことや、星の動きをより正確によむことはほかの民族でもできるが、ローマ人にはそうした人々を超越し、絶対的な権力を有することが運命づけられている。**法や規則を整備**して平和な社会を構築し、服従するものには**慈悲**をかけ、不遜な態度で反抗する者は**弾圧**する。あなたが学ぶべきは、ローマ人特有のこの能力である。

ただし、帝国を築いたことによってローマが富を得たことも忘れてはならない。今日の世界でわれらがどう生きるかを考えるにあたって、その点を考慮にいれないのはあまりに愚かだといえよう。いかにして満ち足りた生活を送るかということにかけては、ローマ人以上に精通している民族はいない。それが浴場でくつろぐことにせよ、剣闘士の試合を見物して愉しむことにせよ、ローマ人は富の正しい使い方というものを熟知している。われわれ**人間が富を支配するべき**なのであって、富に支配されてはならない。自らを成功に導くための核心ともいえる姿勢だけならローマの初期の歴史をひもとけば多くの手本があり、必要なことはすべて学ぶことができる。だがこの本では、成功したあかつきには必ずついてまわる富と栄光にどう折り合いをつけるかということについても述べてきた。それを教えることができたのは、このわたしであればこそである。

生きるうえで**試練を求める**ことも大切である。どんな生まれ育ちの人であっても裕福になることはできる。しかし、折に触れて人生を左右する災難や脅威に対処できる人こそが偉大なのである。快適で豊かな暮らしを満喫し、何の気苦労もない生活だとしたら、人生の醍醐味を半分しか味わえない。それでも自分は偉大な成功者だと思えるかもしれないし、事実、この本に書かれていることはあなたがそうなることを後押ししているのだが、せっかく手に入れた美徳を披露する機会が皆無だとしたらどうだろうか？　それではオリンピックの試合会場に来たはいいが、対戦相手がいないようなものだ。不戦勝でも王座にはつけるが、勝利したことにはならず、ましてや栄光など勝ち取れるはずもない。栄光を手にしたいなら、みずから試練を課すことだ。喜び勇んで危険に身をさらさない限り、自分にどんな能力が備わっているのかわかるはずがない。勇敢な戦士が進んで敵に立ち向かうように、偉大な男は喜んで戦いに打って出るものなのである。ティベリウス帝〔在位一四〜三七〕の治世に最強の剣闘士として知られたトリウムフスは、好敵手がいないことを嘆いて言った。「もはや栄光を手に入れることはかなわぬ」。あなたもこの気概を見習うべきである。崇高なる栄誉は、危険を顧みずただひたすら高みに到達することだけを求める者にもたらされる。その途上にいかなる障害があろうともひるんではならない。兵士が戦で負った傷を名誉に思い、血にまみれた鎧の胸当てを誇らしげに見せびらかすように、あなたも嬉々として傷を負いながら生きるべきである。その覚悟ができてはじめて、ゆとりある生活にはそれ相応の価値があると実感できるようになる。はじめて自分が成しえた偉業を誇りに思えるようになる。そのときこそ、自分の内にある**ローマ人の精神**を解き放つことができるのである。

解説

伝承によれば、ローマは紀元前七五三年四月二一日に建国されました。それから二世紀半の間、王による統治が続きましたが、紀元前五〇九年に民衆が蜂起して傲慢王タルクィニウスを追放し、共和政に移行しました。当時のことについては何世紀もあとになってから書かれた記録しかなく、詳しい事実関係はほとんどわかっていません。ですから、ローマの英雄たちの活躍も話半分に聞くほうがよいでしょう。エトルリア人の都市クルシウムの王であったポルセンナによってローマはおそらく占領されたと思われますが、この都合の悪い事実についてマルクスは言及していません。建国後、ローマ人は周辺の都市や人々を征服して徐々にラティウム（イタリア半島中部のアペニン山脈とティレニア海との間にある、テヴェレ川流域の地方。この地にローマが建設された）の覇権を得、やがてイタリア半島全域を統治下におさめました。そのなかで数々の英雄伝が生まれたのですが、それらが実話か否かはさておき、ローマ人はそうした英雄伝を好んで語り継いできました。偉業を成し遂げた先人たちの魂が自分のなかにも息づいていると感じていたからでしょう。

ローマ人のイタリア半島征服はまだ序の口にすぎませんでした。紀元前二七年に共和政が終焉を迎え、ユリウス・カエサルの養子であったオクタウィアヌス（アウグストゥス帝のこと）が初代皇帝に即位したころには、その版図は英仏海峡から黒海、さらにはアフリカ北部からシリアにまで拡大していました。帝国全体では六〇〇〇万～七〇〇〇万の人口を擁し、現在のイギリスの面積の二〇倍にあたる地域がその勢力下にありました。どこからどうみても、とりわけ産業革命以前の世界では、とてつもない大国でした。

国が巨大になるにつれて、ローマには富がもたらされるようになりました。富と権力と人々が押し寄せるようにローマに流れ込んできて、もともとは農業を中心として成り立っていた社会がすっかり様変わりしてしまいました。歴代の皇帝は巨額の資金を投じて建設事業を推進し、市民のための見世物を充実させ、食料を無料で配給しました。さらに巨大な公衆浴場といった娯楽施設まで造られました（当時の佇まいが今も残っている遺跡としてはカラカラ浴場が有名です）。

ローマが変容するにしたがって、ローマ人であることの意味も変わっていきました。ローマを大帝国たらしめた軍団としての威光を失うことなく、贅沢や娯楽を享受する術を身につけなければならなくなったのです。伝統を損なうことなく、かつ変化に対応することはローマにとっていつの時代も難題でした。伝統を重んじる人々はローマが〝軟弱〟になったと言って口々に新しい社会を批判しました。ですが、ほとんどの人は帝国の成功によってもたらされた成果を歓迎し、いつどこにいてもその恩恵にあずかることを愉しんでいました。〝左手〟と賞賛されたガイウス・ムキウスや父として息子に究極の愛の鞭を浴びせたブルトゥスらの英雄は、ローマの人々を鼓舞する一方で、恐れられる存在になっていったのです。

ガイウス・ムキウスについてはリウィウスの『ローマ建国史』（第一巻第二章第一二・一三節）、ホラティウス・コクレスについてはポリュビオスの『歴史』（第六巻第六四・六五章）で紹介されています。ブルトゥスが息子を処刑した話は同じくリウィウスの『ローマ建国史』（第二巻第三章）に記載があります。マルクスの解放奴隷で〝農夫〟と呼ばれた男の話はCIL11・600の記述に基づいています。忠心の定義はキケロの『雄弁術の考案（On Rhetorical Invention）』（第二巻第二二章第六六節）に書かれています。女性の徳は一般的に限られた範囲にとどまり、発揮できる機会も少ないという件はCIL6・10230追悼碑文で丁寧に説明されています。マルクスが父親に対して感じている恩義の根拠はホラティウスの『風刺詩』（第一巻第六章第六五・八八節）の記述に基づいています。クラウディウス帝が真偽を確かめることなく身内を断罪した非情な仕打ちの数々については、神格化されてオリンポス山に祀られた皇帝の悪業を問う裁判を描いたセネカの諷刺短篇『アポコロキュントシス　神君クラウディウスのひょうたん化』に記されています。ウェルギリウスが『アイネーイス』（第六巻第八四七－八五三章）のなかでローマ人特有の気質を列挙したことはよく知られています。また、セネカは『神慮について』（第四章）のなかで、本当の意味での人生を生きるには、悪いことも経験しなければならないと述べています。セネカ自身、かつては後見人として支えたネロ帝〔在位五四～六八〕から自殺を強要されたことで、このことを身をもって示しました。

第8の習慣

感情を制御する

野蛮人であるあなたが自己を向上させ、ローマ人のごとく生きたいのなら、ローマ人の強靭な精神力に学ぶべきである。

ローマが大国として成功を収めた原動力は、その軍事力にほかならない。そして軍が戦に勝つための要諦は日頃の鍛錬を欠かさないことに尽きる。戦の勝敗を決するのは、指揮官にあずけられた兵士の数や隊の士気だけではない。むしろ戦場では、兵士の技量と軍隊としての規律がものをいう。わが帝国の版図は今や、東はユーフラテス川から西は大西洋まで、南はリビアの肥沃な大地から北はライン川とドナウ川まで大きく広がっている。ローマが世界を征服しえたのは、かたときも軍事訓練を怠らず、各隊の末端にまで規律が行き届き、細部にいたるまで徹底的に戦術にこだわりぬいたからである。そうでなければ、ローマ人のわずかな軍勢がガリア人の大軍を撃破するなどありえるだろうか。平均六ペース〔約一七七センチメートル〕ほどの身長しかないローマの兵士が、巨大な体躯に恵まれた金髪のゲルマン民族と対等に渡り合うことなど考えられないではないか。ヒスパニア人の軍は数でも体力でもローマ人より優っていたし、豊富な富を有し策略に長けているという点ではローマ人よりもエジプト人のほうが格段に有利だったし、知識ではローマ人はギリシャ人の足元にも及ばなかった。これだけ不利な条件のなかで周辺の民族に対抗するには、強大な軍事力を持つ以外にない。そこでローマは屈強な兵士を大勢集めて軍隊を編成し、徹底して軍事力の強化に取り組んだ。実戦を想定してあらゆる軍事演習を何度も繰り返し、兵士たちを逞しく鍛えあげた。実戦的な戦闘技術を身につけた兵士は血気盛んになり、自分の力を試したくてうずうずするものだ。それゆえ、闇夜にまぎれて奇襲をしかけることや、守りが鉄壁な敵陣に攻め入ることや、敵の背後にまわって偵察することなどの困難きわまりない任務に指名されると、最大級の賛辞を贈られたと喜ぶ。いちばん危険を伴う任務はもっとも優秀な兵士に任せられると知っているからだ。スパルタ人が自分の息子を公衆の面前で鞭打って、その精神力を試したように、ローマ軍の指揮官も配下の兵士に傷を負っても勇ましく耐えよと説き、傷口をさらに痛めつけることさえ辞さなかった。こうして兵士を徹底的に鍛えあげているからこそ、わずかな兵力であっても、粗野で足並みのそろわない敵の大軍をいつでも撃ち破ることができるのである。新入りの兵士は傷を負うことを恐れて顔面蒼白になるが、訓練と実戦経験を積んだ熟練の兵士は血を流すことが勝利の代償だとわかっているのだ。

あらゆる事態を想定し、善後策を用意する

ローマ人が大帝国を築くことができたのは偶然の賜物などではない。怠け癖がつくと軍隊の規律が乱れる。だからこそ、平和な時代が続いている間も、ローマは軍事訓練を欠かすことはなかった。それも実戦と変わらないくらい真剣に模擬演習を行った。兵士たちはみな精力的に

日々の訓練に励んでいたので、いざ戦が勃発しても強行作戦や長期戦の疲れをものともせず、日頃の訓練となんら変わることなく対応できた。敵兵との一騎打ちを恐れる者もいなかった。なにしろ、〝血みどろの演習〟とまでいわれる毎日の軍事訓練のほうが、その名の通りよほど過酷だったからである。

訓練を積み、いつでも万全の戦闘態勢を整えているローマ軍が相手では、敵も安易に急襲をかけることはできない。それがわかっていたので、ローマの軍隊は敵の領地内へ進軍してもすぐにことを構えることはせず、まず野営地を整備した。勾配のある土地であれば地面を平らにならし、大勢の工兵を動員して防護柵を築く。それから等間隔に櫓を建て、その中間に弓矢や石など飛び道具用の発射台を設ける。陣の周囲には、幅と深さがそれぞれ四キュービット〔古代ローマの長さの単位。一キュービットは肘から中指の先端までの長さで、約四五～五六センチメートル〕の堀をめぐらせる。正方形に築いた柵のそれぞれの面には、牛を通すことができ、兵士がすぐに出陣できるように、広めの門を一つずつつくる。陣地の内部は通路で仕切り、中央に指揮官の天幕を配置する。ほかに兵士たちが寝泊まりする天幕や、鍛冶職人の天幕、物資の保管場所なども設ける。

ローマの軍隊は何事も少人数の班単位で行動することになっている。木材や水、穀物などの物資は班ごとに管理し、班で一緒に食事をし、夜間も班のなかで見張りを交代して睡眠をとる。通達はラッパの音を合図に行われる。総司令官は、敵兵が陣内に潜り込むのを防ぐために、毎日合言葉を変えてから指令を出す。指令は上級将校から百人隊長〔八〇人から一〇〇人で編成される小隊の長〕、さらに全兵士へと伝えられる。兵士は皆この指揮系統に従って行動していて、作戦が開始されたあとでも**臨機応変**に動ける仕組みになっている。

ローマ軍はありとあらゆる事態を想定して戦に臨み、ひとたび方針が決定されると、ただちに行動に移す。そのため失敗することは滅多にないのだが、仮に作戦が失敗しても、きちんと**善後策**を用意してあるので、素早く対処できる。失敗したとしても、想定通りにものごとが進まなかっただけのことであり、何も気に病むことはない。むしろ、ローマ人は、あとさき考えずに無謀な行動に打って出て運よく成功するより、失敗するほうがずっとましだと考えている。衝動にまかせた行動がうまくいくかどうかは運次第だが、綿密な作戦に従って行動すれば、運に頼る必要はないからだ。その作戦が成功しなかったとしても、失敗を防ぐために最大限の努力を払ったという厳然たる事実が心の慰めになる。

十分の一刑で恐怖心をあおる

ローマの軍事訓練では、兵士の体力面だけでなく**精神面の強化**にも力を注いでいる。兵士を鍛えるために、あえて恐怖心をあおることもある。戦場で軍団から脱走した兵士は処刑されることが法で定められており、任務を怠った場合も死罪になる。司令官は法よりもさらに厳格で、司令官の高い期待に応えられない者は、誰であろうと容赦なく斬り捨てる。ただし、鞭があれば飴もある。勇敢に戦い、華々しい武功を挙げた者には、惜しみなく褒奨が与えられる。要するに、兵士を生かすも殺すも、すべては指揮官次第なのである。

そもそも、ローマの兵士が司令官の高い期待に応えられないことは滅多にない。先ほど述べたように、わずかでも失態を演じれば**厳しい処罰**が待っているからだ。戦場では兵士が命令にそむいた場合、たとえ結果的にうまくいったとしても、その兵士は処刑される。戦地で規律を乱した隊には、さらに残忍な処分が待ち受けている。それは隊の一〇分の一を処刑するという伝統的な罰である。まず、軍団のなかから処分を受ける歩兵隊《コホルス》が選ばれ、その隊を一〇人ごとのグループに分ける。そして、グループごとに一人ずつ、処刑される兵士をくじ引きで決め、残りの九人がその兵士を処刑する。選ばれた兵士は、階級や本人の過失の度合いに関係なく、仲間に棍棒や石で打たれて死に至る。生き残った仲間も、当分の間、小麦ではなく大麦で作った不味い食事〔通常、人間の食事は小麦で作られ、大麦は馬の飼料だった〕しか与えられないといった処分を受けることもある。ときには、見せしめのために陣の外で野営させられることもある。

十分の一刑がはじめて執行されたのは、ローマが共和政に移行してからまだ間もないころ、ウォルスキ族と戦をしていたときのことであった。当時、兵士は貴族出身の指揮官たちを馬鹿にして見くびり、そんな連中に命令されて戦をするくらいなら負けたほうがよいといわんばかりの態度をとっていた。指揮官のほうも兵士を嫌っていた。指揮官がどれほど厳しくしようと、兵士たちは意固地になって反発し、ことごとく命令にそむいた。すみやかに前進せよと言われれば歩調をゆるめ、動けと言われたら休息するという有様だった。まさに獅子に引かれたラバ

であった！〔第一次世界大戦時、英国は「無能なラバ（国の指導者）に導かれた勇敢な獅子（国民）」と揶揄されていた〕

突撃命令がくだっても、兵士たちは自分の身を守ることしか頭になく、われ先に安全な陣内へ逃げ帰った。陣地までたどり着けなかった最後尾の隊がウォルスキ族の追撃に遭い、仲間が大勢討たれるのを見て、ようやく反撃に出るという始末であった。すんでのところで敵軍を退け、全滅こそ免れたものの、誰もが保身しか考えていないことは明らかで、ローマが敗北を喫することに屈辱を覚える者は皆無だった。

あるとき、軍団内の秩序の乱れをこれ以上野放しにしてはおけないと立ち上がった指揮官が一人いた。その指揮官の名はアッピウスといい、彼は全軍を集めて兵士たちを叱咤しようと考えた。ところが、ほかの将校たちはこぞって反対した。権力を振りかざして説教などしようものなら、兵士たちが機嫌を損ね、ますます命令に従わなくなってしまうというのだ。アッピウスはひとまず引き下がったものの、このままでは遅かれ早かれ大変な事態になることは目にみえていた。翌日、アッピウスは総攻撃を命じた。ところが出陣した途端、ウォルスキ軍に背後から攻撃され、ローマ軍はあっという間に混乱に陥った。すっかり動転した兵士たちの耳には命令が届かず、陣形を整えることもままならなかった。兵士たちは軍旗すら投げ捨て、仲間の屍や地面に散乱した武器を飛び越えるようにして、なりふり構わず敵前逃亡をするという体たらくだった。

アッピウスは散り散りに逃げ去った兵士たちをどうにか招集した。統率を失い、軍旗まで捨て逃げ去る軍隊などどこの世界にいるのか。アッピウスはそう言って兵士たちを激しく叱責した。そして、武器や軍旗を捨てて逃げた兵士と持ち場を離れた将校を全員、鞭打ち刑に処してから首を刎《は》ねた。さらに残った兵士の中から一〇人に一人ずつくじ引きで選び、選ばれた兵士を同じように処刑した。それからというもの、ローマ軍が戦場で規律を失い、命令にそむくことはなくなった。

贅沢を排し、質素な暮らしをする

こうして常に統制のとれた軍隊を維持できるようになったローマは、次々と周辺地域を征服していったが、同時に新たな危機に直面することになった。それは、**贅沢**という問題である。勢力が拡大するにつれてローマ人は裕福になり、豪華な衣服や食事に浪費するようになった。かつては質素だった食卓も、今では豪勢な料理が並ぶようになった。大カトはそんな状況を憂いて、高級な魚が斧よりも高値で売られている国がいつまでも平和を保てるはずはないと警告した。だが、耳を持たぬ腹に何を言っても無駄だと大カト自身も認めているように、誰ひとりとして彼のことばに耳を傾ける者はいなかった。ローマ人の頭の中は、次はどんなご馳走が喉を通るのかということでいっぱいだったのだ。

はたして大カトの警告は現実のものとなった。贅沢は軍隊をも蝕み始めていた。ある日、小スキピオは野営地に到着するなり、贅沢な暮らしに慣れて放蕩三昧の兵士たちの様子を目の当たりにし、軍の秩序が乱れきっていることを実感した。そこで、まず**占い師**と**売春婦**を野営地から追放した。さらに、兵士が所有してもよいものは、小さな甕《かめ》とフォーク一本と陶器の盃一つのみと定めた。**入浴**は許さず、布で体を拭くだけにせよと命じ、**マッサージ**を受けることも禁止した。夕食はパンか粥か茹でた肉だけとし、横たわって食事することも禁じた。兵士が持つことを許された唯一の贅沢品は銀製のタンカード〔取っ手のついた大きなジョッキ〕だけで、それも重さが二リーブラ〔約六五〇グラム〕までのものに限られた。小スキピオ自身は軍隊の失われた誇りの喪に服すといって質素な黒い衣服をまとった。

贅沢ほど危ういものはない。頻繁に入浴し、ハイポコースト〔古代ローマの床下暖房〕の上を歩くことに慣れると足が軟弱になり、鋲打ちしてある軍用靴が履けなくなる。ましてや一日三〇マイル〔約四五キロメートル〕の行軍など耐えられるはずがない。何事も度がすぎるとかえって悪影響を及ぼすものだが、過度な快楽はとりわけ始末が悪い。快適すぎると人間の脳は堕落する。まやかしの華やかさに目がくらんで、本来あるべき真の姿が見えなくなるのだ。

何を見ても心を平静に保つ

贅沢な暮らしは精神も堕落させる。それゆえ足だけでなく、心も鍛えておかねばならぬ。**感情を制御**する術を学ばずして、成否を左右する難しい局面で決断をくだすことなどできるはずがあるまい？　臆病者には他の民族を征服し、支配することなどできぬ。感情に流されているようでは、なすべきことを果たせない。わたしはかつて、ある都市を略奪したことがある。その土地の民は無謀にもわれら征服軍に反抗し、結局は悲惨な運命をたどることになった。われわれは数千人の軍勢で防護壁を破って突入し、誰かれ構わず殺した。若い女や美しい若者がわが軍の手に落ちたときには、兵士たちが激しい取り合いをするせいで、彼らの体がばらばらになることもあった。捕虜を拷問にかけて、金や貴重品の隠し場所を聞き出そうとする兵士もいた。戦場は見渡す限り地獄絵図だった。処女や童貞の少年は強姦され、幼子は親から引き離された。子供を引き渡すことを頑なに拒み、ついには兵士から暴行を受ける愚かな母親もいた。慌てふためいて逃げ出す者もいれば、鎖でつながれ奴隷として連れ去られる前に、せめてもの別れを惜しんで抱き合う者たちもいた。寺院や家は略奪されて、血の海と化し、火を放たれた。屋根が轟音をたてて崩れ落ち、あちこちであがる悲鳴が一つの大きな音となって響いた。いたるところに切り落とされた腕や死体が散乱し、血が飛び散り、悲しみが渦巻いていた。どれほど恐ろしい物語を書くことができたとしても、この現実にはかなうまい。

たとえ非道な仕打ちであっても、終わりよければすべてよしである。征服された土地の民はそのときだけは苦痛を味わうものの、ローマの支配下に置かれることで、身に余る恩恵に浴することができるようになる。**ほんのいっときの戦争**のあとには、**末長く続く平和**が訪れるのだ。平和だと交易が盛んになる。交易が盛んになれば富がもたらされ、その土地は瞬く間に繁栄する。数年後、わたしがふたたび訪れたときには、その都市は活況を呈していて、道路は舗装され、皇帝の像が並ぶ立派なフォルムが造られ、新しい円形劇場も完成間近であった。

ときには神にそっぽを向かれ、凶作に見舞われる地域があるのも避けることのできぬ**自然の定め**である。農作物が不作だと食料が不足し、農夫や市民が飢えに苦しむ。だが、そんな悲惨な状況であっても、感情に流されてはならない。わたしはかつて飢饉に見舞われたカッパドキア属州を訪れたことがある。都市部では数えきれないほど大勢が飢え死にし、農村部はさらに酷い有様だった。小麦の値段が跳ねあがり、聞いたところでは、一モディウス〔約六・五キログラム〕に二五〇〇セステルティウスもの法外な値段がつけられたこともあったという。当初、人々は金目の物を売ってしのいでいたが、皆が同じことを考えるので売り値が暴落した。貧民は、わずかでも栄養がありそうなものなら何でも口にし、ついにはドングリで作ったパンや野草まで食べるようになった。干し草しか食べるものがなかったり、見境をなくして毒草を食べたりして、健康を害し、命を落とす者もいた。近隣に作物が実った地域があるという噂を聞きつけて逃げ出す者もいたが、道中の食料がなく、行き倒れになることも少なくなかった。神が救いの手を差し伸べてくれることを願って、ひたすら生贄を捧げ続ける者もいた。良家に生まれながら、空腹に耐えきれずに恥を忍んで市場で物乞いをする女もいた。それどころか、たったひとかけらのパンを手に入れるために、兵士だろうと誰だろうと相手を選ばず体を売るまでに落ちぶれた女までいた。わが子を奴隷として売り払う親も珍しくなかった。

飢饉が起こった当初、裕福な地主は慈悲を施す余裕があり、配給された穀物を市民に分け与えていた。ところが、〝飢えは人を嘘つきにする〟ということわざがあるように、市民は大げさなつくり話をでっちあげては、もっと援助を引き出そうとした。はじめは気前よく応じていた地主たちも、飢饉の広がりとともに増え続ける物乞いの群れに驚き、態度を硬化させて援助を打ち切るようになった。生きていくには自分が食べる分を確保しておかねばならないと考えたのである。平民が食料不足にあえぎ餓死するしかないのは、富裕層が納屋に食料を貯めこんで物価を釣りあげているせいだといって、役人に怒りをぶつける人々も出てきた。役人たちは身の危険を感じ、一家が食べていけるだけの十分な蓄えがある安全な田舎の領地に引っ込んだ。そうした蓄えを持たない者たちは飢えていく一方で、肌がしなびてくすみ、狂気じみた目つきの恐ろしい形相に変わっていった。人々は市場や路上に散乱する死体の身ぐるみを剥《は》いで金になりそうなものを奪い、それを売った金で食べ物を買った。家族が死んでもきちんと弔うだけの余裕も気力もなく、死体は何日も埋められないまま放置されて腐敗し、この世のものとは思えぬおぞましい姿をさらしていた。

女や奴隷に惑わされない

心を鬼にして切り捨てなければならない相手は飢えに苦しむ貧民だけではない。家内にあっても、狡猾な女たちに惑わされないように気を引き締めていなければならぬ。昔から〝女は死ぬまで信じるべからず〟というではないか。とりわけ、怒っている**妻の涙**ほど信じられないものはない。女が涙を浮かべるときは、**必ず何か裏がある**と思ったほうがいい。夫が寛容すぎると妻の意のままに動かされてしまうが、それでは本末転倒である。奴隷に接するときも同じである。〝賢い奴隷は権限を共有する〟といわれる通り、ひとたび弱みをみせたら、奴隷に振り回されかねない。

前著『奴隷のしつけ方』で教えたことを復習しておこう。何があっても主人と奴隷との**序列**は明確に区別し、ときにはそのために権威をふるうことを躊躇してはならない。生意気な態度をとったり、馬鹿にしたような目で主人を見たりする奴隷は厳しく罰するべきである。自分で鞭を打つのが嫌なら、地元の請負人に依頼すればよい。料金は一打ちにつき四セステルティウスと手ごろだし、縄や台も持ってきてくれる。ただし、罰を与えすぎるのはよくない。ときどき奴隷の背徳行為に過剰に反応する主人がいる。彼らは逃走した奴隷にはとりわけ厳しく、連れ戻したあとで足枷をつけて鞭で滅多打ちにし、手足を切断してしまうこともある。怒りにわれを忘れ、自制心を失ってしまうのだ。だが、奴隷を罰するときは、**犯した罪に相応**に、また**法で定められている通り**にするべきだ。逆にいえば、鉱山に送って強制労働をさせることが妥当な罰であれば、たとえその奴隷がどれほどつらい目に遭おうと、主人が後ろめたい思いをすることはない。

奴隷に対してはいつなんどきも理にかなった対応をすることが肝心である。はたらきの悪い奴隷は売り払ってしまうに限る。奴隷が病気になったときは、まず回復の機会を与え、治る見込みがないなら手放せばよい。家内出生奴隷と買ってきた奴隷、これから仕事を覚える若い奴隷と仕事を教える立場の年老いた奴隷など、所有する奴隷のバランスを保つことも重要である。そのためにはファミリア内の奴隷同士の間に生まれた子供を売らざるをえないなど、ときとして苦渋の決断を迫られることもあるだろう。そうしたつらい選択はわだかまりを残すことになるので、できるだけ避けたほうがよいことはいうまでもないが、それが明らかに正当な判断であるならば、その判断に従うのが筋である。

奴隷のほうも感情を抑える術をわきまえておかねばならない。奴隷は主人に本音を明かすことはない。**寓話**はそんな奴隷の気持ちを表すために生まれたといわれている。面と向かっては言えないことでも、物語として面白おかしく話せば、主人の怒りを買わずにすむ。寓話といえばアイソポス〔イソップのこと〕がよく知られているが、最初に寓話を創作したのはアイソポスではなくヘシオドス〔紀元前八世紀ごろのギリシャの詩人〕だと考えられている。誰が生み出したにせよ、寓話は、作り話を真に受け、物語の教訓を素直に聞き入れる単純で教養のない人々にとりわけ人気があった。メネニウス・アグリッパ〔前四九三年、平民が貴族の支配に反発して独立を企てた聖山事件のときに執政官として仲介役を務めた〕はそんな人々の気持ちを利用し、〝胃袋と足〟という寓話を使って貴族に反発する平民をなだめたと伝えられている。当時、自らの手を煩わせることなく何でも恣《ほしいまま》にしていた貴族に対して平民は不満を募らせていた。〝胃袋と足〟は、自分では移動できない胃袋に足が文句を言うが、胃袋を運んでいるのは足でも、その活力を提供しているのは胃袋であると諭す話である。アグリッパはこの話を引いて、どんな立場であってもそれぞれに役割があるのだと説き、両者を和解に導いた。

そもそも激情を抱かない

奴隷と違って、われわれ自由民には厳格な主人がいないので、感情を表に出さないように無理やり抑えてもらうことができない（今この本を読んでいる奴隷がいるならば、いずれ待ち望んだ自由を手に入れたときのためにそのことを肝に銘じておくよい）。だからこそ自分で感情を制御する術を身につけなければならない。まずいえるのは、すでに心の中に渦巻いている感情を抑えるよりは、そもそも**制御できないほどの感情を抱かない**ようにするほうがずっと楽だということだ。病と同じで、ひとたび感情に取りつかれてしまうと、追い払うのは至難の業だ。次に、平常心を保つには、精神と感情は分けるべきだと理解する必要がある。冷静な頭で考えていたなら絶対にしない行為でも、感情が昂ぶっていると止めることができない。体が感情の奴隷になってしまうのだ。タルペイアの岩〔古代ローマで重罪犯の処刑場だった断崖〕から突き落とされる奴隷のように、体の自由がきかなくなり、待ち受けている最悪の事態を避けることができなくなる。怒りや愛おしさといった激情に身をまかせてしまったら、あとは転がり落ちるしかないのである。

怒りに翻弄されないようにするには、怒りの感情が鎌首をもたげたときに、すぐさま切り落とすことである。ひとたび怒りに心の舵取りを任せてしまったら、もはや軌道修正はできない。このことは何度でも繰り返し言っておく。敵に門をくぐらせてはならぬ。頭脳という要塞の中まで攻め入ることを許したら、捕虜となった理性のことなどお構いなしで好き放題にされてしまう。わたしはそんなものに屈することのない高みにいる人間である。わたしは誉れ高き運命のもとに生まれた。断じて肉体の奴隷に成り下がるわけにはいかぬ。わたしにとって怒りは、痛みや傷を受け止める緩衝地帯にすぎない。どんな感情も心の奥底まで入り込むことは許さぬ。肉体は危険にさらされていても、心は自由に生きるのだ。肉体の欲望に負けて、高徳な人間にあるまじき姿をさらすわけにはいかぬ。もしどうしても感情に打ち負かされてしまいそうになったら、わたしは**肉体を捨てて死を選ぶ**。そのときがくるまでは——この肉体とともに生きていかねばならない間は、心と肉体は対等な関係などではない。せめぎ合いに決着をつけるのは常に心でなければならない。

大きな災いを甘んじて受け入れる

自由な心を手に入れる方法の一つは、肉体を顧みないことである。もう一つは、運命が振り下ろす拳に甘んじて打たれることである。生きていれば災難に遭うことは避けられない。人生の旅路を歩むうえで避けて通ることのできない問題に直面したとしても、乗り越えることのできる人こそが本物の自由人である。〝海が穏やかなときは誰でも水先案内人になれる〟ということわざがあるように、平穏なときに順風満帆に過ごせていたとしても何の自慢にもならない。困難に見舞われたときに取り乱すようでは同情の余地はない。以前、ローマでも食料が不足したことがあった。飢饉というほどではなく、穀物を積んだ船が何隻か向かい風に阻まれて到着が遅れただけなのだが、蓄えが底をつくのではないかという噂が瞬く間に広まった。不安にかられた人々がこぞって食料を買いしめたせいで、状況はさらに悪化した。肩を寄せ合って政権打倒の策略を練る人々の姿があちこちで見られ、実際に夜な夜な国の政策を糾弾する張り紙をする者まで現れて、市内は騒然とした雰囲気に包まれた。皇帝としてもそうした行為を容認するわけにはいかず、首謀者の情報に報奨金がかけられると、次々と情報提供者が現れた。不穏な情勢は、結局、穀物を積んだ船がオスティアに着くまで続いた。皇帝は船の到着を祝って剣闘士の試合を催したが、本当の目的は見世物によって平民たちの不満を解消することだった。

国が救援に乗り出さねばならないほどの惨事が発生することも当然ながらありえる。ティベリウス帝〔在位一四〜三七〕の時代に起きた大事故もその一つであった。それはアティリウスという悪徳事業家がローマ近郊の都市フィデネで剣闘士の試合を開催したときのことだった。当時、ローマではティベリウス帝の意向で剣闘士の見世物が禁止されていたため、試合を観たくてうずうずしていた五万人もの人々が見物に押し寄せた。ところが、円形闘技場が木造の安普請だったため、試合の最中に観客席が崩れ落ち、二万人もの死者を出してしまった。死体の損傷が激しく身元の確認すらできないことに遺族たちは怒りをあらわにした。命こそ助かったものの負傷した見物客も大勢いて、近隣の大地主たちはみな屋敷を解放し、助けを求めてきた者には身分に関係なく衣服を提供したり、医者を呼んで治療にあたらせたりした。国としても、長期間にわたる救援策を講じた。元老院は、欲深い平民の事業家が試合を開催したことが事故の原因だと考え、今後は騎士階級に相当する身分の者だけに興行を許可することとした。身分の高い者であれば欲に振り回されることもないだろうと考えたのだ。さらに、円形闘技場を建設する際には、土台を強固にしなければならないことも定めた。

人間の内面の強さを示す格好の例としては、ウェスウィウス山の噴火〔ヴェスヴィオ山のこと。紀元九七年に大噴火した〕がある。ポンペイとヘラクレネウムの町を壊滅させたこの大噴火が起こったとき、大プリニウス〔古代ローマの政治家、軍人、博物学者〕はナポリ近郊のミセナムで艦隊の司令長官の任に就いていた。日光浴をしてから水風呂を浴び、昼食をすませて読書をしていたときに火山が噴火した。火山の噴火について詳しく知るため調査に出かけた彼のもとに、ウェスウィウス山の麓にある邸宅に暮らすレクティナという婦人から手紙が届いた。噴火で逃げ道を失い閉じ込められている、船でなければ避難できないので助けてほしいと懇願してきたのだ。近隣の風光明媚な海岸地域にはレクティナのほかにも多くの人々が暮らしていた。大プリニウスは軍艦に出航命令をくだし、自らも乗り込んで救出に向かった。知的好奇心から調査に乗り出したはずが、一転して人々を救済する英雄になったのだ。だが、途中でスタビアエの町に立ち寄ったときに激しい地震が起こり、海岸へ避難したものの、命を落とした。悲運にも志半ばで帰らぬ人となった大プリニウスだが、その名は英雄として後世に伝えられている。

いうまでもないことだが、ここで詳しく紹介した事例はどれも些細な災害であり、大きな歴史の流れから見ればさほど重要な出来事ではない。わたしがこれらの出来事を通して伝えたかったのは、**災難に見舞われたときこそ人の真価がわかる**ということだ。都市が崩壊したり、沈没したり、人々が押しつぶされたり、大地震が起きたりして、大きな混乱が生じたときに、ほとんどの人が恐怖に取りつかれたとしても何の不思議もない。あまりの恐ろしさに誰もが正気を失ってしまうものだ。迷信に惑わされる人もいるかもしれない。恐怖心が信仰と結びついて、常軌を逸した行動にはしる者が現れ、悲惨な運命を予言する者があとを絶たないだろう。大きな困難に直面したときに理性を保っていることは容易ではない。どんなときも落ち着きを失わない人だけが感情を制御できるのである。**困難に身をさらすことを恐れてはならぬ**。正面から立ち向かわなければ、困難を乗り越える術を学ぶことはできない。船乗りが荒海に耐えて逞しくなるように、農夫の手が厳しい作業で鍛えられるように、兵士が槍を投げることで屈強になるように、どれほど過酷な試練であっても耐え抜けるだけの精神力を養うことができるはずだ。危機に瀕しても笑いとばせるくらいでなければならぬ。わたしの友人はかつて航海中に嵐に見舞われた。奴隷たちは待ち受ける運命を悲観して恐怖のあまり涙にくれたが、彼は皆を励ますようにこう言った。「泣くことはない。わたしが死んだら、お前たちを解放すると遺言を残してあるのだから」

愛する者の死は、目的をもって耐え忍ぶ

死は思いがけずやってくる。あなた自身ではなく、親族の誰かに死が訪れることもあるだろう。情け深い心は大切な人のためにとっておくものだ。数年前、わたしは最愛の息子、マルクスを亡くした。どの子よりも目をかけ、老後の一切を任せようと期待していた息子だった。わが子を失ったつらさは耐えがたく、しばらくの間は何をしても気分が晴れることはなかった。まるで片目を失ったかのようだった。息子を失った悲しみを今ここでことさらに述べるつもりはないが、わたしがいかに自分を律してきたかを知ることで学べることもあるだろう。息子の愛嬌のある顔立ちも、舌足らずで愛くるしい話し方も、はじめて有望な前途を思わせた瞬間も、強い精神も、未だに忘れることはできない。あの子はわたしのすべてであり、あの子にとってもわたしがすべてだった。全身全霊でわたしを愛し、乳母や祖母や兄弟姉妹や大事な母親よりも、わたしになついていた。悲嘆にくれる自分の心と、亡くなった息子の魂と、神に召された息子に毎日祈りを捧げる神殿に誓ってはっきり断言できる。わたしは息子のなかに他の誰にもみたことのない才能を見出していた。物覚えがよく、何でも自発的に取り組み、思いやりと孝行の心に満ちた人格には畏敬の念さえ覚えたものだ。成熟が早いと夭折するとよくいわれる。誉れ高き将来が約束された人を亡き者にすることに喜びを覚え、人間が享受しうる喜びを与えすぎないようにしようとする意地の悪い何かが、この世界にはあるように思えてならない。

息子はあらゆることに秀でていた。ラテン語が堪能で、ギリシャ語の発音も一音一句が正確で、まるで母語で話しているかのように流暢だった。何をするにつけても、これから訪れるであろう輝かしい未来が約束されているのがわかった。気質も申し分なく、痛みにも恐怖にも耐える勇気と威厳と逞しさを兼ね備えていた。八ヵ月に及ぶ闘病生活にもどれほど勇敢に立ち向かっていたことか。その不屈の精神には医者も驚きを隠さなかった。最後の最後までどれほどわたしの心を慰めてくれたことか。意識が朦朧としているときでさえ、それまでに学んだことや学校で習ったことに思いをはせていた。息子が死んだのと同時に、わたしの希望も消え失せた。本当ならこの国で最高の地位を目指して階段を上り始めるべきときに、わたしは冷たく血の気のなくなった息子の屍を抱きしめていた。

残された人生を耐え忍んで生きることが、息子にとってふさわしい父親であることの証になればと思っている。耐えがたい人生を生き抜くには、何か**目的**をもつべきである。賢人の教えに従えば、逆境にあっては**文学**だけが慰めになるというので、わたしは書きものに没頭した。

悲しみはなぜこれほどまでにわれわれの心を揺さぶるのだろうか。何の因果でこれほどまでにつらい目に遭わねばならぬのか。心が何も感じなくなり、万物は無常で価値のないものだと悟ることができたら、どれほど楽であろう。残されたわれわれにとっての慰めは、亡くなった者が今の時代を生きるつらさを味わわずにすんだということだけである。子供に先立たれることは、この上なくつらい。世界をありのままに受け入れることは、それ以上に苦しいものだ。

そんなわたしの心を癒やしてくれる出来事があった。アフリカ属州の領地に向かう航海中にカルタゴとシラクーザを通過したときのことだ。かつては繁栄していたこれらの都市は、今ではローマの支配下にある。親族をたった一人失うだけでも心が打ちひしがれるものだが、栄華を極めたこれらの都市の攻略作戦では何千人もの尊い命が奪われたのだ。われわれは皆、いずれは死ぬ運命のもとに生まれてくる。人はたった一撃で死ぬこともある。ローマ帝国が周辺地域を征服していくなかで、あまたの優れたローマ人が命を落としてきた。わが子が一人死んだくらいで、いつまでも悲嘆にくれているわけにはいかぬ。仮に哀れなマルクスがあのときに死なずに生きていたとしても、やがては死ぬ運命だった。わたしは息子が生きた短い生涯を喜びとすることにした。そして自分が何者であるかを思い出した。わたしはマルクス・シドニウス・ファルクスである。人を指南し、導いてきた人間である。これまで人に説いてきたことを、わたし自身が実践するときが来たのだ。

時が経てばどんな悲しみも癒える。そのことを知っていれば、より早く乗り越えることができる。死者が死んだあとも地下の世界で心を持つのかどうかはわからない。けれども、わたしをあれほど愛し、家族みなに深い愛情を抱いていたマルクスのことだから、わたしがいつまでも悲しみを引きずることを望んではおるまい。息子を失った悲しみを気高く堂々と乗り越え、偉大なるファルクス家の名をさらに高めてほしいと願っているはずだ。世界中の川が流れ込んでも海水がしょっぱいままであるように、どんな苦難にあっても勇敢な精神は揺るがない。本物の勇者はいかなるときも心の平静を保ち、運命が過酷な試練を与えたとしても感情に流されることはない。運命を憎むことは容易く、運命が振り下ろす拳に耐えることは難しいが、それでもわたしはもう運命に翻弄されたりはしない。

解説

ローマが大帝国として繁栄した背景に、統率のとれた軍事力があったことは間違いありません。そのことはローマ人の著作からも、ローマに征服された民族の記録からも明らかです。ローマ軍が戦に勝ち続けることができたのは、兵士の体格が優れていたからではなさそうです。入隊するには身長制限がありましたが、実際にどの程度の身長が求められたのかははっきりしません。ウェゲティウスの『軍事論』によれば、支援軍〔ローマ軍団の正式部隊であるレギオを支援する非ローマ市民から成る部隊〕の騎兵隊や第一歩兵大隊の場合、六ペース〔約一七八センチメートル〕以上であることが求められたとされていますが、それはあくまでエリート兵士であって軍団全体には当てはまりません。一般的な兵士の場合、ローマ帝国の軍規に五・五〜五・七ペース〔約一六五センチメートル〕以上という記載が見られるものの、記述が不統一で、確たる証拠にはなりません。推定される当時のローマ人男性の身長にはかなり幅がありますが、およそ五・四〜五・七ペース〔約一六二〜一七二センチメートル〕というところでしょう。入隊審査を担当する将校がそこまで厳密に身長制限を守っていたとは思えません。むしろ、平均より身長が高く、強そうに見える人を選んでいたのでしょう。採用基準がどこまで適用されたかは、必要な兵士の人数や志願者の数によって、そのときどきで違っていたことは間違いありません。平時であれば、軍団に所属しているだけで安定した収入が保証される上に、退役するときには一時金が支払われたので、兵士は人気の職業でした。そのため、採用する側もより優れた人物を選ぶことができました。ですが、戦時中や疫病が流行した直後などは新兵を集めるのが大変だったので、身長制限もそれほど厳密には守られていなかったと考えられます。

紀元前四七一年に行われた最初の十分の一刑については、リウィウスの『ローマ建国史』（第二巻第五九章）に書かれています。約五〇〇人で編成される歩兵大隊の一個が刑の対象だったと仮定すれば、処刑されたのは五〇人ほどになります。かなりの人数ではありますが、それでも軍団全体からみれば、ごく一部です。共和政の後期には、この刑を行う習慣はすでに廃れていましたが、紀元前七一年にローマ軍がスパルタクス率いる逃亡奴隷の反乱軍相手に惨敗を喫したとき、ローマ軍の指揮官だったクラッススが復活させました〔スパルタクスの反乱については『奴隷のしつけ方』第八章で詳しく紹介しています〕。ユリウス・カエサルは、大ポンペイウス〔共和政ローマ期の軍人、政治家。カエサル、クラッススとともに第一回三頭政治を行った〕との内戦の最中にこの刑を持ち出して第九軍団〔ローマ軍団の一つで、ガリア遠征のためにカエサルが創設した〕の兵士たちを脅しましたが、結局実行はしませんでした。

ローマ軍の軍規については、ウェゲティウスの『軍事論』（第一巻第一章）が参考になります。都市の略奪については、内乱期の六九年に、後にローマ皇帝となったウェスパシアヌスの軍がクレモナを制圧したことがタキトゥスの『年代記』（第三巻第三三～三四章）に詳しく描かれています。サルスティウス（『カティリナ戦記』第五一巻第九章）とクインティリアヌス（『弁論家の教育』(第八巻第三章第六七～七〇節)は、都市がどのように陥落したのかについて弁論家たちが長広舌をふるうことがたびたびあったことを記し、いくつかの話をまとめて一つの出来事として語っていたことも十分考えられると述べています。このことから、ローマ人は都市を略奪することには無慈悲だったものの、被害が大げさに語られると心を動かされることもあったことがうかがえます。

飢饉についてはプロコピオスの『戦史』(第六巻第二〇章第一八～二三節)とエウセビオスの『教会史』(第九巻第八章)に詳しい説明があります。食料不足の時代に、本来は食べないほうがよい作物を食べて飢えをしのいでいたことについては、ピーター・ガーンジィ著『古代ギリシア・ローマの飢饉と食糧供給』(ケンブリッジ大学出版、一九八八年刊)が参考になります。怒りの感情は制御すべきだというマルクスの主張は、セネカの『怒りについて』(第一巻第七章、第三巻第二四章と第三二章)および『書簡集』(第六五巻第二一～二二書簡)に基づいています。奴隷の罰し方については、マルクスの前作『奴隷のしつけ方』に詳しい説明があります。寓話がどのように生まれたかは、ファイドロスの『寓話』(第三巻の序)とクインティリアヌスの『弁明家の教育』(第五巻第一一章第一九節)に記述があります。紀元六年の食料不足についてはカッシウス・ディオの『ローマ史』(第五五巻第二七章)に、フィデネで円形闘技場が崩落した事件についてはタキトゥスの『年代記』(第四巻第六二・六三章)に書かれています。ウェスウィウス山の噴火については小プリニウスの書簡集(第六巻第一六書簡と第二〇書簡)で詳しく述べられています。これらの惨事を利用して支配階級の人々はより上の地位を得ることもできましたが、同時に問題を解決するために行動を起こすことも迫られました。災害が発生したときに国が果たすべき役割とは秩序を保つことに尽きます。この点については拙著『ローマの災害(Roman Disasters)』(Polity、二〇一三年刊)で論じています。

古代ローマ帝国の平均寿命は短く、どの家庭でもそれなりの頻度で家族の誰かが亡くなるという体験をしていたと考えられます。マルクスが息子を亡くした話は、クインティリアヌスが『弁明家の教育』(第六巻序章)に綴っている、妻と二人の息子に先立たれた悲しい体験に基づいています。残酷に人を殺すことに慣れていたローマ人ですが、大切なものを失ったときには心の痛みを感じ、それを表現する術を知っていたことがわかります。そうした悲しみをどのように癒やしていたのかは、キケロの『友人宛書簡集』(第四巻第五章)とセネカの『神意について』(第二巻)に書かれています。近年発見されたローマ帝国時代のギリシャ人医師ガレノスの遺稿にも、悲しみを乗り越えた印象的な話が描かれています。ギリシャの修道院で見つかり、『悲しまずにすむために(On the Avoidance of Grief)』と名付けられた遺稿のなかで、ガレノスは紀元一九二年に起きた火災で自分の大きな図書室が被害に遭い、たくさんの薬や医療器具がすべて焼失してしまったときに、その災難をどう乗り越えたかを書いています。

第9の習慣

誉れ高く死ぬ

栄光。もしあなたがこの本を読んで何か一つでも学んだとすれば、それは真のローマ人にとって栄光がいかに大切かということであるはずだ。どんなに卑しい身分であっても、崇高な行為によって栄光を勝ち取る可能性は誰もが内に秘めている。それゆえ、この世での最後の行為もあなたに栄誉をもたらすものでなければならない。永遠に語り継がれる確固たる地位を手にするにはどうすればよいか。**立派に死ぬ**。それに尽きる。死に際して神に祈るべきは、死を恐れない強い心のみである。勇敢に死を迎えることができれば、銅像になるよりもずっと長く栄光に浴することができる。あなたの名が永遠に生きることになるのだ。

そもそもつらい思いをしながら老後を過ごすことに何の意味があるというのか。齢《よわい》も四〇を過ぎれば目新しいことなど何一つありはしない。そのころにはすでにあらゆることを経験していて、それから先の人生において達成できることなどもはやない。長生きしたところで不幸な経験が増えるだけである。無論、歳をとることで得られるものがないわけではない。知性、節度、穏やかさ、若さにつきものの凶暴さが影を潜めること、そして何よりも安穏で落ち着いた生活を送れることは年寄りの特権だ。だが歳をとると困ることのほうが多い。骨が弱くなり、頭が鈍くなり、家族や友人が先に死んでいく。わが子に先立たれることほどつらいことはない。

だが大切な者の死ですらも気丈に笑いとばせるようでなくてはならぬ。息子が死んだ翌日に町で息子の教師に会ったとき、わたしはこう言った。「昨日はマルクスが学校を欠席して申し訳ない。死んでしまったので」

葬儀、遺言、墓碑の準備をする

葬儀の準備は生前にきちんとしておくべきである。わたしは自分が死んだときにどうすべきか指示を書き残してある。高貴な人物が亡くなったときの慣習に従い、フォルムのロストラ〔軍艦の船首の形をした大きな演壇〕へ遺体を運び、堂々とした立ち姿で掲げ、皆がわたしの姿を拝めるようにする。そしてあとに遺された息子、あるいはその時点で息子がすでに亡くなっていたら生存しているわたしの兄弟が、わたしの美徳と偉業を紹介する演説を行う。集った聴衆は演説を聞きながら、わたしが彼らのために開催した見世物や自費で催した宴の数々などの功績を一つ残らず思い出す。そして心からわたしの死を悼み葬送の列に加わるのだ。遺体を火葬し、遺灰をファルクス家の墓所に納めたら、わたしの顔をかたどった仮面を木製の小さな神殿に納めて邸宅の玄関広間に飾る。この仮面はすでに用意してあり、生き写しのようにわたしにそっくりにできている。わたしの死後、国の祝祭が行われるときには、家族が祖先とわたしの仮面に飾りつけをする。一族の誰かが亡くなり葬儀が行われるときは、わたしに似た背格好の男がわたしの仮面をかぶって参列する。わたしは元老院議員だったので、その男も紫色の線が入ったトーガを着用する。こうして偉大な先祖がまだ生きているかのように自分たちの前を歩くのだ。こんなに感動的なことがあるだろうか。これほど輝かしい栄誉に満ちた光景はほかにあるまい。演説者はそのとき亡くなった人だけでなく、仮面をかぶった姿でその場に並んでいるすべての祖先の偉業を詳しく語って聞かせる。こうしてローマに貢献することで栄光を手にした人々の名声は永久に生き続けるのである。このときに何よりも重要なことは、その場に居合わせた**若者**が、自分も勇敢な行動でローマに尽くし、その報いとして永遠の栄光を授かり、**先人の列に連なりたい**と発起することである。

遺言では生前あなたに尽くした者に**報奨**を与えねばならない。わたしの場合はよく働いた奴隷は全員解放することにしている。まだ生きているうちから自分が寛大であることをぺらぺらと喋って聞かせるのはみっともないが、主人が死んだら解放されるとわかれば奴隷が懸命に働くようになることは確かだ。

一族の墓所がない場合は、生前に**社会的地位にふさわしい墓碑**を建てておくべきである。ただし墓に関しては仰々しすぎるのも考えものだ。最近ある解放奴隷の墓を見たがひどいものであった。幅が一〇〇ペース〔約三〇メートル〕、奥行きが二〇〇ペース〔約六〇メートル〕もある巨大な石に花輪や香油壺、仔犬、いくつかの神話の場面などの彫刻がほどこされ、周りにはブドウなどの果実の木が植えてあった。入口では一人の奴隷が見張りをしていて、そこで用を足そうとする者を止める。故人の彫像は奴隷だった者は絶対に就くことのできない公職の装束をまとい、さまざまな宝飾品を身につけ、人々に金を配っている。傍らには妻と寵愛していた少年奴隷の像もある。墓の真正面に日時計が設《しつら》えられていて、時刻を確認しようとすると、その奥の墓に大きな文字で刻まれている故人の名前が必然的に目に入るようになっている。名前の下にはこの人物がいかに裕福であったかがつらつらと記され、最後は「哲学者の言に耳を貸してはならぬ」と結ばれている。いかにも賢明な助言ではあるが、大声で言いふらすほどでもあるまいに。

裕福ではない人はもっと慎ましい墓碑銘にすることを勧める。わたしが見たことがあるものをいくつか紹介しよう。「ここがわたしの永遠の家である。ここにわたしは苦労から解放されて眠りにつく」「無から無へとわれらはなんと早く帰ることか」「ワインの神はわたしを失望させることはない」。とくに人気があるのは「わたしは存在しなかった、わたしは存在した、わたしは存在しない、わたしは気にしない」という格言である。墓碑は街はずれの通りに面して建て、行き交う人々や旅人に見えるようにするとよい。墓を建てる場所についての面白い冗談がある。知識人気取りの男が墓を建てるのにいちばんよい場所はどこかと知人たちに訪ねた。知人たちはある場所を勧めたが、男はその場所が気に入らなかった。「あそこは不衛生で体に悪いから駄目だ」

誉れ高く死ぬ

死に様は見事でなくてはならぬ。高潔で勇敢に生き抜いたとしても死を前にして豚のように泣き喚いたのでは意味がない。**毅然と死んでいく**ことも人生における務めの一つである。その手本とすべき人物はセネカをおいてほかにはないであろう。セネカは後に皇帝となるネロの幼少期に家庭教師を務め、ネロが皇帝の座についてからも後見役として支えたが、その後すぐにネロ帝〔在位五四～六八〕と対立することになった（皇帝の暗殺計画に加担していたためといわれるが、本当は潔白だったという見方もある）。自害を命じられたセネカが選んだのは昔ながらの方法だった。筆記係に辞世のことばを書きとらせると、親しい友人たちが見守るなか両手の静脈を切り、両膝の裏の静脈も切った。その間も仲間に話しかけ、一切取り乱すことなく威厳を保った。その姿は処刑されるときにドクニンジンを飲んで悠然と死を迎えたソクラテスに匹敵するほど立派であった。だが、高齢だったせいと、日頃から質素な食事をしていたせいでなかなか出血せず、死を早めるために毒薬を飲んでも効き目がなかった。そこで奴隷に命じて自分を浴場まで運ばせ、血が勢いよく流れるように腕を湯につけた。それでもセネカが死なないのを見て、自害を見届けるために派遣されていた兵士が自分たちの手で息の根を止めてやると脅し始めた。結局、セネカは熱湯で蒸気が立ち込める浴室へ連れていかれ、すぐに窒息して息絶えた。遺言に従い、セネカの遺体は通常の葬儀を行うことなく埋葬された。権力の高みまで上りつめていながら、セネカは最後まで崇高な人であり続け、慎ましく死んでいった。

女でも誉れ高く死ぬことはできる。カエキナ・パエトゥスは陰謀の罪でクラウディウス帝〔在位四一～五四〕から自害を命じられたが、いよいよ自分の胸に剣を突き刺す瞬間になって怖気づき取り乱した。すると妻のアッリアがその剣でまず自分を刺し、「パエトゥス、痛くはありませんよ」と言って夫に剣を手渡した。

異国の女も同じだ。クレオパトラはエジプトのプトレマイオス朝最後の女王である。アウグストゥス帝〔在位前二七～後一四〕はクレオパトラとその愛人マルクス・アントニウスに勝利を収めたことを祝うため、クレオパトラを生きたままローマへ連れてきて見せしめにしようとしたが、クレオパトラは自害し、その目論見を阻止した。捕虜としてローマ人の目にさらされるくらいならば、女王として世を去るほうがよいと考えたのだ。クレオパトラはもっとも信頼していた侍女のナエイラとカルミオンを呼び寄せて髪と爪を美しく整えさせた。二人の侍女は護衛に見咎められないようにブドウとイチジクを入れた籠にこっそりコブラを忍ばせて持ち込んでいた。それは毒吐きコブラと呼ばれる蛇で、咬まれたら間違いなく死に至る強力な毒を持っていた。本当にその毒で死ぬかどうか確かめるため、二人の侍女が先に自分たちを咬ませた。二人が息絶えたのを見届けると、クレオパトラは蛇を引き寄せ咬まれて死んだ。アウグストゥス帝は女王に最後まで尽くした侍女の献身にも驚いたが、奴隷として生きるより死を選んだクレオパトラの心意気に感服した。命を絶ったときクレオパトラは頭に王冠を戴いていたといわれている。死してもなお女王としての威厳を示したのだろう。

剣闘士は死に際に名誉を回復することができる。試合の決着がつくと、勝者は敗者の首を刎《は》ねるが、そのとき敗者はじっと前を見据え、恐怖はもとより何の感情も示してはならない。死刑囚が驚くほど勇敢な死に様を見せることもある。最近、ゲルマン人の捕虜が公開処刑を宣告されたと聞いた。しかも、苦しみもだえて死んでいく猛獣刑だ。処刑の日の朝、死刑囚は便所で用を足した。護衛から離れて便所で一人きりになった彼は、おもむろに海綿の尻拭き棒を手に取り、喉の奥に押し込んでみずから窒息死した。品がいいとはいえないが、なんと勇ましい！　また、荷車に乗せられ競技場に登場したある剣闘士は、はじめは居眠りしているかのようにこっくり頷いていたが、いきなり頭を車輪の間に突っ込み、首を折って死んだ。自分を刑場へと運ぶ荷車を使って、見世物になって無残な死に様をさらす運命から逃れたのだ。

運命を受け入れ、生にしがみつかない

運命はわれわれの行く手に不幸な出来事を投げかけることがあるが決して動じてはならぬ。災難や不運に見舞われるのは人間の定めである。多くの人が死を恐れるが、**いずれ誰もが死ぬ**のだ。ウェスウィウス山が噴火したとき、カンパニアを捨て二度と戻らないと言った人々がいた。もしもこの世に危険と無縁の地があると信じているのなら、それは大きな誤解である。神の法のもとではどの土地も平等だ。運命は長い時間をかけて世界を巡り、いずれまだ訪れたことのない土地を襲うものなのである。

賢人は運命を恐れたりはしない。知恵のある人は、所有物も権力も、それこそ肉体さえも、自分のものであるのはほんのわずかな間だけだと理解しているからだ。だが賢人はまた、**人**

生が自分のものではないからこそ、無意味ではないことも知っている。今持っているものはどれも神に信頼されて預かっているにすぎず、求められたならすみやかに返さねばならない。預かった者の責任として最大の誠意と良心をもって大切にするのが賢者の生き方なのだ。そして返すときがきたなら、運命に不満を抱くことなくただこう言えばいい。「わたしの手にもたらされたものに感謝します。わたしの手元にある間に増やすことができましたが、今それらを喜んでお返しいたします」。そして運命があなたに預けた命を取り戻しにきたときにはこう言って迎えるがよい。「どうぞわたしの魂を取り戻してください。あなたから授かったときよりもずっと善良な命になっています」。もともといた場所へ帰るだけなのだから、いったい何の苦しみがあろうか。

素晴らしい生き方をするには素晴らしい死に方を知らねばならぬ。臆病にもあの手この手を駆使して必死に生き延びようとする剣闘士の姿など見るに堪えない。逆に命を惜しまずがむしゃらに戦う剣闘士には拍手喝采が送られる。それと同じで、神も生にしがみつこうとする人間には大きな試練を与え、容赦なく命を奪おうとする。われわれの人生は神のための剣闘士の試合なのだ。「なにゆえそなたのような臆病者の命を救わねばならぬのか」。神はそう言っておられるのだ。「首を差し出して素直に斬られることを知らぬ者は、いっそう痛めつけられ傷を負うことになるであろう」。だが勇敢な者は神の賞賛を受ける。「首をそらすことも手で剣を避けることもなく、甘んじて斬られんとするそなたは、長く生き、痛みを感じることなくただちに死に至るであろう」

逆境にあって苦しむのは不運に見舞われることを想定せず、それゆえ備えを怠っていた者だけである。幸運に恵まれることしか考えていないから、不幸に襲われると耐えがたい苦しみだと感じるのだ。ひとたび周囲を見渡せば世界中で災いが起こっている。やがて自分に災いが降りかかる番がきたからといって何を驚くことがあろうか。災難に遭ってから精神を鍛えようとしたところでもう遅い。人生は儚いものなのだ。今はどれほどの富や権力を有していようと、どれほど健康に恵まれていようと、**幸せな時期はすぐに過ぎ去る**ものだと心得よ。ユリウス・カエサルが暗殺されたのは権力の絶頂期ではなかったか？　ユグルタ王〔北アフリカにあったヌミディア国の王。共和政ローマとの戦争に敗れ処刑された〕はローマを恐怖のどん底に陥れたが、同じ年のうちに敗れたではないか。捕虜となってローマ市内を引き回された王や女王がどれだけいたか、よもや忘れてはおるまい。この世は移り変わりが激しく、あなたの身に起こりうることは、いつ起こってもおかしくない。そう覚悟しておけば、いざ何かが起こったときに強く耐え抜くことができるだろう。

主役は己自身

神がわれわれにこの世で過ごせる時間をどれだけ与えるかは誰にもわからない。今この本を読んでいる間にもあなたの残された人生は失われつつある。時は今だ。**今すぐ**行動を起こし、人生をより満ち足りたものにするのだ。神の意思に導かれ、**自己鍛錬に徹する**精神こそが真の成功の土台である。誰人《だれびと》も自分一人だけで成功をつかむことはできないが、他人に頼りすぎると精神は腐敗する。誰かにやってもらうということは自分の力で成し遂げる必要がなくなるということだ。人の助けを借りれば借りるだけ、あなた自身は無力になっていく。人格は無数の小さな事柄に左右されて形作られる。家族、人生経験、書物、友人、隣人、敵。どれもがあなたの人格に影響することは間違いない。それらの影響がいかに甚大であるにせよ、あなたに幸福と成功をもたらす主役が**あなた自身**であることに変わりはない。

この本で教えたことに従うなら、あなたもローマが与えうる最高のものを得ることができるであろう。余暇を享受する紳士となることも、広大な領地を所有して莫大な収入を得ることも夢ではない。従順な子供たちと奴隷が大勢いる大きな家庭を築くこともできる。贅沢に溺れることなく、健康を保つための習慣を確立し、礼儀をわきまえた作法を身につけ、心安らかに暮らせるようになる。ひるむことのない勇敢な心でものごとに立ち向かうならば、神々はあなたに味方するだろう。誠実で、誇り高く、いつも動じることなく生きていくならば、人々を導ける存在になれるはずだ。そして何よりローマの繁栄のために喜んで全身全霊を捧げる英雄となるであろう。

解説

この最後の章で語られている助言の数々は、マルクスがその死に様を讃えたセネカのストア派哲学の考え方に基づいています（セネカの死についてはタキトゥスの『年代記』第一五巻、ストア派については『書簡集』第七〇巻と『心の平静について』を参照してください）。ストア派の考え方はローマ帝政期の上流階級の人々に浸透していて、とくに五賢帝の一人であるマルクス・アウレリウス帝〔在位一六一～一八〇〕がこの思想を集成した『自省録』は有名です。ストア派の実践的な哲学はローマ人に元来備わっていたローマ人気質とでもいうべき強靭な精神力を反映していたと考えられますが、もともとはギリシャからもたらされたものでした。キティオンのゼノンが創始したストア派は人生のあり方そのもの、すなわち自然と調和して生きることを説いており、ことばよりも行動に重きを置いています。運命が人生にもたらす苦難を甘んじて受け入れよと説くストア派の考えが広く取り入れられた背景には、権力が皇帝に一極集中することによってそれまで政治に携わってきた上流階級が発言力を失いつつあった状況も影響していたと考えられます。ネロのように気まぐれな皇帝に振り回されていた彼らに、ほかに何ができたでしょう？

　カエキナ・パエトゥスの勇気ある妻アッリアの話はカッシウス・ディオの『ローマ史』（第六〇巻第一六章）に書かれています。上流階級の人々の葬儀についてはポリュビオスの『歴史』（第六巻第五三章）を参考にしました。マルクスが紹介している冗談話は現存する世界最古のジョーク集『フィロゲロス　ギリシア笑話集』から引用しました。こうしたブラックジョークは、死亡率が高く、突然死も多かった現実と折り合いをつける手段でもあったのでしょう。解放奴隷のなんとも品のない墓の描写はペテロニウスの『サテュリコン』に登場する成金のトリマルキオが、死んだあともなお成功を見せびらかしたいと願って建てた墓をモデルにしています。それに比べるとはるかに慎み深い墓碑銘の例は「ラテン語碑文集成」（CLE143、225、856、1495など）に記されています。

マルクスは潔く死んで栄光を手にする大切さを強調していていますが、そこから想起されるのはホラティウスの「国のために死ぬことは美しく名誉である」（『カルミナ』第三巻第二章）という一文です。第一次世界大戦の終焉によって、こうしたヘレニズム文化へのあからさまな傾倒は完全に過去のものとなりました。マルクスはあくまでも共同体という枠の中で個人として行動することの必要性を訴えていますが、その考え方も個人の自由や個々の能力開発を重視する現在の潮流とは相容れないものでしょう。それでも、逆境に直面したときに彼が発揮する強さから学べることは多いはずです。国連によれば、現在世界には一日一ドル未満の生活費で暮らしている人が一〇億人以上、二ドル未満になるとなんと二七億人以上もいるそうです。そう考えると、現代の個人主義はまだまだ多くの人にとってとうてい手の届かない贅沢なのだということを、心のどこかに留めておくべきでしょう。

訳者あとがき

古代ローマ貴族のマルクスが悩める現代人を導くために帰ってきました。

古代ローマといえば、紀元前の王政にはじまり、共和政を経て帝政に至るまで、周辺の地域や民族を次々と支配下に収めて版図を拡大し、栄華を極めた巨大帝国であることはご存知の通りです。本書の著者であるマルクス・シドニウス・ファルクスは、そのローマ帝国の貴族にして元老院議員であり、皇帝の次に地位の高い執政官を務める超エリートです。

前作『奴隷のしつけ方』では、奴隷所有者としての心得や具体的な奴隷管理法を教えてくれましたが、第二弾となる本書では、ローマ人のように地位と財産を得て成功をおさめ、栄光を手にする方法を惜しげもなく披露しています。大国として古代世界を席巻したローマの、そのまた上流階層に君臨するマルクスは、非ローマ人を未開な野蛮人と呼び、相変わらずの上から目線でものごとを語ります。横柄で不遜なマルクスの言動は、ときに差別的でもあり、現代では受け入れがたい部分もありますが、自分に厳しく、強靭な精神力でつねに自己を成長させようとする姿勢からは学ぶべきことも多くあります。

本書でマルクスは古代ローマ貴族の生活習慣を詳しく紹介していますが、そのテーマは多岐にわたります。多くの収入を得るためにはどんな職業を選ぶべきか、恋愛と結婚の作法、心身の健康をいかに維持するか、余暇の愉しみ方、神々との付き合い方、さらには最近日本でも盛んに取り上げられている終活まで、現代のわたしたちにも通じるものばかりです。お金を稼ぐことは金銭だけの問題ではなく、道義も問われるものだといいながら、庶民の弱みにつけこんで金貸し業で儲けたり、女の涙ほど信用できないものはないと嘆きつつ、いくつになっても女の尻を追いかけまわしたりと、やっていることは今とほとんど変わりません。もちろん、古代ローマの生活習慣を現代の生活にそのまま取り入れられるわけではありませんが、古代ローマの人々もわたしたちと似たような悩みを抱えていたことがわかります。どれほど技術が発展しても、人間の本質は二〇〇〇年前からたいして変わっていないといえそうです。

本書は、古代ローマ貴族が現代人に向けて語るという体裁で綴られていますが、ご承知の通り、マルクスは実在の人物ではありません。本当の著者は、各章の最後に解説者として登場するケンブリッジ大学の古典学者、ジェリー・トナー教授です。トナー教授はローマの社会と文化を〝底辺から〟の視点で研究していて、古代ローマに関する興味深い著作の数々を発表しています（詳しくは各章の解説や巻末の参考文献で紹介されています）。そのトナー教授が〝上から〟見たローマを語らせるために生み出したのがマルクスです。マルクスは帝政期の人物ということになっていて、おもに一～二世紀の時代背景を反映していると考えられますが、前作同様に本書で紹介される生活の知恵やエピソードの数々は古代ローマ全般にわたっています。どの話も古代や後世の文献に基づくものですが、原典をそのまま引用しているわけではなく、部分的に借用したり、組み合わせたりして、マルクスが経験したことや知人から聞いた話として紹介されています。話の出典は各章の解説に記載されていますので、興味を持たれた方はそれぞれの資料にあたってみてください。

訳出にあたっては、ローマやギリシャの原典の英訳および日本語訳など多くの資料を参考にさせていただきました。なお、本書で紹介されているエピソードには諸説あるなかの一つ、というものが多くあります。たとえば、恋愛の神クピドは一般的には女神アプロディテ（ローマ神話ではウェヌス）の息子といわれることが多いですが、本書では貧乏の神を母に、豊満充足と術策の神を父に持つというプラトンの説で紹介されている部分があります。また古代ローマ市民の正装であったトーガは、右肩と右腕を布地で覆わない着方がよく知られていますが、本書では、帝政期に入ってから一般的になったといわれる右肩と右腕を覆う着方が紹介されています。ローマの建国についても、狼に育てられたロムルス王が建国したという説と、トロイアのアイネイアスがイタリア半島に逃れてきてローマ人の祖になったという説が出てきますが、いずれもよく知られている伝説です。

本書に登場する人名や地名、神々の名前は原則として古代ローマの公用語であったラテン語に基づいていますが、一部ギリシャ語の名前になっているところがあります。たとえばギリシャ神話のゼウスはローマ神話ではユピテル、女神アプロディテはウェヌスですが、ゼウス神殿、アプロディテ神殿のようにあったものはギリシャ語の呼び方で記載しています。なお、古代ローマの公用語であったラテン語には長母音と短母音の区別があり、本来はキケローやカトーのほうが実際の発音に近い表記ですが、本書では長母音を省略してキケロ、カトのようにさせていただきましたことを申し添えておきます。

最後の章の解説のなかでトナー教授も述べていますが、現代でも世界には貧困にあえいでいる人々が大勢います。古代ローマのマルクスにしろ、現代人にしろ、衣食住が満ち足りていて、よりよい人生を生きようと考える余裕を持てる境遇にあることは、とても幸せなことなのだと改めて実感します。

末筆ながら、今回もすばらしい表紙を描いてくださったヤマザキマリさん、また愉しく読み進められるようにさまざまな工夫を凝らしてくださった太田出版書籍編集部の藤岡美玲さんに、この場をお借りして心より感謝申しあげます。

二〇一七年二月

北綾子

Barton, T. S., Power and Knowledge: Astrology, Physiognomics, and Medicine under the Roman Empire (University of Michigan Press, 1994)

ローマの信仰については下記の資料が参考になります。Betz (1992) はローマの属州だったエジプトの魔術書の英訳、Gager (1992) はその他の魔術に関する資料です。

Beard, M., North, J. and Price, S., Religions of Rome (Cambridge University Press, 1998)
Rüpke, J., Religion of the Romans (Polity, 2007)
Betz, H. D. (ed.), The Greek Magical Papyri in Translation, Including the Demotic Spells (University of Chicago Press, 1992)
Gager, J. G. (ed.), Curse Tablets and Binding Spells from the Ancient World (Oxford University Press, 1992)

古代の人々が自殺についてどう考えていたかは、下記で論じられています。

van Hooff, A. J. L., From Autothanasia to Suicide: Self-Killing in Classical Antiquity (Routledge, 1990)

家庭生活について

Gardener, J., The Roman Household: A Sourcebook (Routledge, 1991)

Judith Evans Grubbs, Women and the law in the Roman Empire: A Sourcebook on Marriage, Divorce and Widowhood (Routledge, 2002)

ローマの娯楽について知りたい人の入門書としては、主要な文献の英訳を集めた下記の本が最適です。この本は興味深い資料を多数収録しているだけでなく、背景知識やわかりやすい解説も掲載されています。また、拙著もローマの娯楽についての解説書です。

Alison Futrell, The Roman Games: A Sourcebook (Black-well, 2006)

Jerry Toner, The Day Commodus Killed a Rhino: Understanding the Roman Games (Johns Hopkins University Press, 2014)

見世物については、下記の本の中に'Fun and Games'という章があります。ローマの平民の暮らしに興味のある読者は拙著を参照してください。

Mary Beard, Pompeii: The Life of a Roman Town (Profile, 2008)

Jerry Toner, Popular Culture in Ancient Rome (Polity, 2009)

余暇の過ごし方について参考になる文献が多く収められている資料としては、下記があります。また、拙著はローマ社会全体における文化としての娯楽の重要性を論じたものです。

Cooley, A. E. and Cooley, M. G. L., Pompeii and Herculaneum: A Sourcebook (Routledge, 2014)

Jerry Toner, Leisure in Ancient Rome (Polity, 1995)

古代の医学については著者も著作も膨大な数にのぼります。古代ローマの医師ガレノスは特に多くの著作を残していて、19世紀に編纂された全集は実に20000ページを越えています。下記はガレノスの著作の英訳を集めた史料です。

Singer, P . N., Galen: Selected Works (Oxford University Press, 1997)

古代の医学についての優れた入門書としては下記が参考になります。拙著の第2章では古代ローマ人の精神面の健康について論じています。

Helen King, Greek and Roman Medicine (Bloomsbury, 2013)

Vivian Nutton, Ancient Medicine (Routledge, 2005)

Jerry Toner, Popular Culture in Ancient Rome (Polity, 2009)

医学と信仰の密接な関わりについては下記の2冊を参照してください。

Ogden, D., Magic, Witchcraft, and Ghosts in the Greek and Roman Worlds: A Sourcebook (Oxford University Press, 2002)

イスを多く残しています。ことわざや寓話などにみられる、もっと実用的で身近な知恵については Teresa Morgan, Popular Morality in the Early Roman Empire (Cambridge University Press, 2007)に詳しい分析があります。

主要な文献の優れた英訳はLoeb Classical Libraryまたは下記の史料集で見つけることができます。

Lewis, N. and Reinhold, M. (eds), Roman Civilization: A Sourcebook (Harper & Row, 1966)

Parkin, T. G. and Pomeroy, A. J., Roman Social History: A Sourcebook (Routledge, 2007)

Shelton, J., As the Romans Did: A Sourcebook in Roman Social History (Oxford University Press, 1998)

近年の優れたローマ史の入門書としては下記の2冊がお勧めです。また、拙著も参考にしてください。

Mary Beard, SPQR (Profile, 2015)

Christopher Kelly, The Roman Empire: A Very Short Introduction (Oxford University Press, 2006) (クリストファー・ケリー『ローマ帝国』)

Jerry Toner, The Ancient World (Profile, 2015)

ローマ人が感情とどう向き合っていたかに関心のある読者には以下が参考になります。Richlin (2001)は感情を落ちつかせるために家庭内で女性が果たしていた役割について論じています。

Kaster, R.A., Emotion, Restraint, and Community in Ancient Rome (Oxford University Press, 2005)

Richlin, A., 'Emotional Work: Lamenting the Roman Dead'(E. Tylawsky and C. Weiss (eds), Essays in Honor of Gordon Williams: Twenty-five Years at Yale (H. R. Schwab, 2001))(229〜248ページ所収)

ローマ人にとっては、どんな職業に就いているかがアイデンティティの中心的な要素でした。その点については下記の文献が参考になります。

Sandra Joshel, Work, Identity, and Legal Status at Rome: A Study of the Occupational Inscriptions (University of Oklahoma Press, 1992)

古代の性に対する考え方は現代とはだいぶ違っていました。下記の資料には興味深い文献が多く収められています。また、同性愛や家庭生活について詳しく分析している資料もあります。

Johnson, M. and Ryan, T., Sexuality in Greek and Roman Society and Literature: A Sourcebook (Routledge, 2005)

同性愛について

Hubbard, T. K., Homosexuality in Greece and Rome: A Sourcebook of Basic Documents (University of California Press, 2003)

Williams, C. A., Roman Homosexuality: Ideologies of Masculinity in Classic al Antiquity (Oxford University Press, 1999)

参考文献

1859年にヴィクトリア朝時代のイギリスでSamuel Smiles, Self-help: With Illustrations of Character and Conduct（サミュエル・スマイルズ『自助論』）が出版され、現代の自己啓発《セルフヘルプ》書というものが生まれました。この本が当時ベストセラーとなった背景には、急激な産業化が進む社会にあって、それまでの常識が通用しなくなったことがあると考えられます。田舎から都会に移住する人が増え、長年受け継がれてきた忠告の数々では対処しきれなくなったのです。さらに、社会全体よりも個人としての存在が重視されるようになると、"自己を発見"し、個性を持つことが求められるようになりました。こうした状況を受けて自己啓発市場が急激に発展し、Dale Carnegie, How to Win Friends and Influence People（1936）（デール・カーネギー『人を動かす』）は15万部、Napoleon Hill, Think and Grow Rich（1937）（ナポレオン・ヒル『思考は現実化する』）は なんと70万部という爆発的な売り上げを記録しました。自己啓発の名著としては、ほかに下記があります。

Norman Vincent Peale, The Power of Positive Thinking（1952）（ノーマン・ヴィンセント・ピール『積極的考え方の力』）

Stephen R. Covey, The Seven Habits of Highly Effective People（1989）（スティーブン・R・コヴィー『七つの習慣』）

Spencer Johnson, Who Moved my Cheese（1998）（スペンサー・ジョンソン『チーズはどこへ消えた』）

Rhonda Byrne, The Secret（2006）（ロンダ・バーン『ザ・シークレット』）

また、心身の健康に特化したものには下記があります。

Louise L. Hay, You Can Heal Your Life（1984）（ルイーズ・L・ヘイ『ライフ・ヒーリング』）

John Gray, Men are from Mars, Women are from Venus（1992）（ジョン・グレイ『男は火星人、女は金星人』）

1940年代から1950年代には、Stephen Potterが皮肉を巧みに織り交ぜた自己啓発書The Theory and Practice of Gamesmanship: Or the Art of Winning Games Without Actually Cheating（1947）とOne-Upmanship（1952）を発表しました。近年ではHelen FieldingのBridget Jones's Diary（ヘレン・フィールディング『ブリジット・ジョーンズの日記』）シリーズがこの系譜に連なっています。

自己啓発という概念は現代になってから生まれたものかもしれませんが、その源流は古代の世界にもあったと考えられます。おもに哲学の名の下で世に送り出されていた古代の書物にも、自己を向上させて万能かつ善良な人間になり、不幸な出来事と上手につきあい、よりよい人生を生きることを説いたものが多くあります。そのほとんどが、そうした思索にふける余裕のあった裕福な上流階級の人々によって書かれたものです。古代の哲学書については各章の解説で具体例を挙げていますが、なかでもキケロとセネカの著作は有名です。また詩人のオウィディウスはおもに恋愛についてのアドヴァ

ローマ年表

年	出来事
不明	トロイアの武将アイネイアスがイタリア半島に逃れてローマ人の祖となる（伝承）
前753	伝説の王ロムルスがローマを建設（伝承）
前509	タルクィニウス王を追放し、貴族による共和政に移行
	その後、タルクィニウスの復位をもくろんだポルセンナ王がローマを包囲
前471	ウォルスキ族との戦いのなかで十分の一刑が行われる
前450	ローマ最古の成文法である十二表法を制定
前264	第一次ポエニ戦争（～前241）でカルタゴと戦う
前227	シキリアを最初の属州にする
前218	第二次ポエニ戦争（～前201）
	勝利を願い、地母神（キュベレー）信仰を取り入れる
前216	カンナエの戦いでハンニバルに大敗
前215	女性の贅沢を禁止するオッピウス法の制定
前184	大カト（『農業論』など）が監察官に就任
前149	第三次ポエニ戦争（～前146）に勝利し、カルタゴを滅ぼす
前88	諸都市がローマ市民権を求めて反乱を起こす（同盟市戦争）
前73	スパルタクスの反乱（～前71）
前63	キケロ（『義務について』など）の弾劾演説をきっかけにカティリナの反乱が起こる
前60	カエサル、クラッスス、大ポンペイウスによる第一回三頭政治（～前53）
前46	カエサルが反対勢力を破り、独裁を開始
前44	ブルトゥスがカエサルを暗殺
前43	オクタウィアヌス、レピドゥス、アントニウスによる第二回三頭政治

前31　アクティウムの海戦でアントニウスとクレオパトラが敗れる
前27　オクタウィアヌスが元老院からアウグストゥスの称号を得る
=帝政のはじまり
後8　オウィディウス（『愛の歌』など）が黒海のトミスに配流される
後64　ネロ帝により、ローマの大火の犯人としてキリスト教徒が多数処刑される
後65　ピソによる陰謀に荷担したとして、セネカ（『怒りについて』など）と
ペトロニウス（『サテュリコン』）が自殺を命じられる
後66　ユダヤ戦争（〜73）
後70　ウェスパシアヌス帝が円形闘技場の建設を開始
後79　ウェスウィウス山の噴火
ポンペイが埋没し、近隣にいた大プリニウス（『博物記』）が死亡したと言われる
後80　ティトゥス帝がティトゥス浴場を建設
後96〜　五賢帝時代（〜180）
五賢帝とは、ネルウァ帝、トラヤヌス帝、ハドリアヌス帝、
アントニヌス・ピウス帝、マルクス・アウレリウス・アントニヌス帝
この頃、皇帝の侍医を務めたガレノスが『人体の諸部分の有用性』などを執筆
後106　トラヤヌス帝がダキア王国を征服
後235　皇帝が乱立する軍人皇帝時代（〜284）
後284　ディオクレティアヌス帝が即位し、混乱を平定
後313　コンスタンティヌス帝がミラノ勅令を発し、キリスト教を公認
後392　キリスト教が国教になる
後395　ローマ帝国が東西分裂

著者　マルクス・シドニウス・ファルクス
解説　ジェリー・トナー
訳者　北綾子
編集　藤岡美玲
営業　向井美貴
発行者　北尾修一
発行所　株式会社太田出版
〒一六〇-八五七一　東京都新宿区愛住町二二
第三山田ビル四階
☎〇三-三三五九-六二六二
振替　〇〇一二〇-六-一六二一六六
ホームページ http://www.ohtabooks.com/
印刷・製本　シナノ印刷
ISBN978-4-7783-1565-8 C0022

ローマ貴族 9つの習慣

二〇一七年三月二五日　第一刷発行